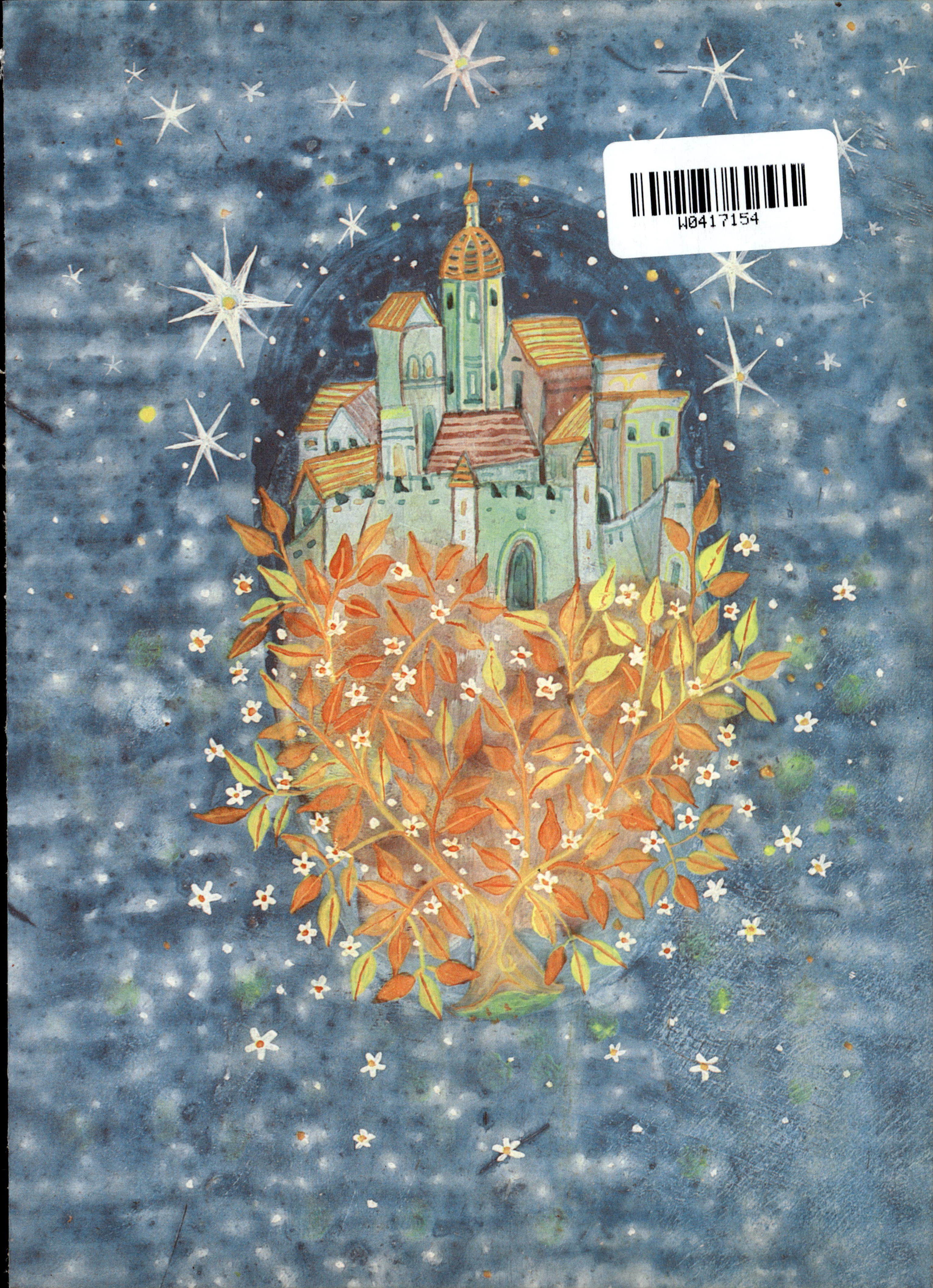

GRIECHISCHE MÄRCHEN

MÄRCHEN DER WELT

GRIECHISCHE MÄRCHEN

Nacherzählt von
Anne Carlsen

Illustrationen von
Julie Svobodová

VERLAG WERNER DAUSIEN · HANAU

GRIECHISCHE MÄRCHEN

Nacherzählt von Anne Carlsen

ISBN 3-7684-5230-1

Inhalt

Von den drei dankbaren Tieren

Es war einmal eine arme Frau, die hatte einen Sohn, der ging jeden Tag in den Wald, um Reisig zu sammeln und es in der Stadt zu verkaufen. Als er sich einmal mit zwei Kupferstücken in der Tasche, die man ihm für das Reisig gegeben hatte, auf dem Heimweg befand, traf er mehrere Kinder, die dabei waren, eine Schlange zu töten. Und weil das Tier ihm leid tat, sagte er: „Ich gebe euch ein Kupferstück, wenn ihr die Schlange leben laßt.“

Die Kinder waren damit zufrieden, sie nahmen das Kupferstück und ließen von der Schlange ab, die aber folgte dem Jüngling. Und als dieser zu Hause ankam und erzählte, was ihm begegnet war, schalt ihn die Mutter.

Doch der Jüngling sagte: „Laß es gut sein, die Schlange wird uns gewiß noch nützlich werden."

Am anderen Tag ging er wieder in den Wald, sammelte Reisig, verkaufte es in der Stadt und erhielt auch dafür zwei Kupferstücke. Auf dem Heimweg sah er zwei Kinder, die dabei waren, einen Hund zu töten. Und weil ihm das Tier leid tat, sagte er zu ihnen: „Ich gebe euch ein Kupferstück, wenn ihr den Hund leben laßt."

Die Kinder nahmen das Kupferstück und ließen den Hund zufrieden, der aber folgte dem Jüngling. Als dieser zu Hause erzählte, was ihm begegnet war, schalt ihn seine Mutter wie das erste Mal. Aber der Jüngling kehrte sich nicht daran. Er holte am anderen Tag wieder Reisig im Wald und verkaufte es wieder für zwei Kupferstücke in der Stadt. Diesmal begegnete er auf dem Rückweg zwei anderen Kindern, die dabei waren, eine Katze zu töten. Der Jüngling hielt sie zurück und sagte: „Ich gebe euch ein Kupferstück, wenn ihr die Katze am Leben laßt."

Die Kinder nahmen das Kupferstück und liefen davon, die Katze aber folgte dem Jüngling. Als die Mutter ihren Sohn mit der Katze kommen sah, schlug sie die Hände über dem Kopf zusammen und rief: „Es ist nicht auszuhalten. Ich schicke dich fort, um etwas zu verdienen; anstatt das Geld festzuhalten, wirfst du es für Schlangen, Hunde und Katzen hinaus."

Doch der Jüngling sagte: „Laß es gut sein, die Tiere werden uns gewiß noch nützlich sein."

Dann nahm er die Schlange und brachte sie zu ihren Eltern. Die freuten sich sehr, und als die Schlange ihnen erzählt hatte, daß der Jüngling sie vor dem sicheren Tod errette habe, sagte der Vater: „Sprich einen Wunsch aus, und ich will ihn dir erfüllen."

Da sagte der Jüngling: „Ich verlange weder Geld noch großes Gut, doch wenn du mir den Siegelring gibst, den du an deinem Schwanz trägst, so will ich zufrieden sein."

Als der Vater der Schlange das hörte, erschrak er.

„Was du verlangst, ist zuviel", sagte er, „den Siegelring kann ich dir nicht geben."

Da sprach die Schlange: „Vater, wenn du diesem, der mich vor dem sicheren Tod errettet hat, den Siegelring nicht geben willst, so werde ich wieder mit ihm gehen."

Nun gab der Vater dem Jüngling den Ring und sagte: „Wenn du in Not gerätst, so lecke an dem Siegel. Da wird ein schwarzer Mann erscheinen, dem erteile deine Befehle, und er wird sie ausführen."

Darauf ging der Jüngling nach Hause zu seiner Mutter. Die aber fragte ihn: „Was werden wir heute essen?"

„Sieh nur im Schrank nach", antwortete der Jüngling, „dort wirst du alles finden."

„Ach, mein Sohn", sagte die Mutter, „ich sehe so oft am Tag im Schrank nach, aber niemals finde ich etwas darin."

„Geh nur und sieh nach", sagte der Jüngling.

Da ging die Mutter zum Schrank. Der Jüngling aber leckte schnell an dem Siegelring, und schon erschien ein schwarzer Mann, und der fragte: „Was befiehlst du, Herr?"

„Ich befehle, daß du mir den Schrank dort mit Speisen und Getränken füllst", sagte der Jüngling.

Und als die Mutter den Schrank öffnete, wunderte sie sich sehr, denn darin standen Speisen und Getränke aller Art. Und von da an hatten sie ein schönes Leben.

Doch nach und nach wurde der Sohn dessen überdrüssig, und eines Tages sprach er zu seiner Mutter: „Gehe zum König und sage ihm, daß er mir seine Tochter zur Frau geben soll."

Die Mutter glaubte, ihr Sohn habe den Verstand verloren.

„Ei, was fällt dir ein!" rief sie aus. „Wie kann sich einer wie du zum Schwiegersohn des Königs machen wollen!"

Der Jüngling bestand jedoch darauf, daß seine Mutter zum König gehen und um die Hand seiner Tochter anhalten solle.

Da mußte sich die Alte wohl oder übel auf den Weg machen, und als sie vor den König kam, sagte sie ohne Umschweife: „Mein Sohn verlangt deine Tochter zur Frau."

Da lachte der König aus vollem Halse, dann sprach er: „Nun, wenn dein Sohn imstande ist, in einer Nacht ein Schloß zu bauen, das größer und prächtiger ist als meins, so soll er meine Tochter haben."

Die Alte ging nach Hause zurück und überbrachte ihrem Sohn die Antwort des Königs. Und der leckte, als es Nacht war, an dem Siegelring. Als darauf der schwarze Mann erschien, befahl er ihm, noch in derselben Nacht ein Schloß zu bauen, größer und prächtiger als das des Königs. Der schwarze Mann verneigte sich und sagte: „Wie du befiehlst, Herr!"

Und in demselben Augenblick befand sich der Jüngling in einem Schloß, das weitaus größer und prächtiger war als das Königsschloß. Also schickte er am anderen Morgen seine Mutter wiederum fort, dem König zu sagen, daß die Aufgabe erfüllt sei.

Als der König sich überzeugt hatte, daß die Alte keine Lügnerin war, sagte er: „Ich will deinem Sohn meine Tochter zur Frau geben, wenn er imstande ist, in einer Nacht den Weg von seinem zu meinem Schloß mit Gold zu pflastern."

Und er entließ die Alte. Die ging nach Hause und erzählte ihrem Sohn, was der König diesmal von ihm verlange.

Der Sohn wartete wieder bis die Nacht hereingebrochen war. Da leckte er an dem Siegelring, gab dem schwarzen Mann, der alsbald erschien, seinen Befehl, und im Nu war die Aufgabe des Königs erfüllt.

„Nun", sprach der König, als die Alte am anderen Morgen vor ihm stand, „so sage deinem Sohn, er solle sich zur Hochzeit vorbereiten." Denn schon in der Frühe hatte der König von seinem Fenster aus den mit Gold gepflasterten Weg erblickt.

Als die Königstochter hörte, wie reich ihr Bräutigam sei und was er alles vollbracht habe, freute sie sich sehr und verlangte von ihrem Vater einen Sklaven, der ihr bei den Vorbereitungen für die Hochzeit behilflich sein sollte. Der König gab ihr einen Sklaven und bald darauf war alles hergerichtet, und der Sohn der Witwe nahm die Königstochter zur Frau.

Lange Zeit lebten sie glücklich und zufrieden miteinander, aber eines Tages beschwatzte die Prinzessin ihren Mann, ihr sein Geheimnis zu verraten.

Und er verriet es ihr.

Mit der Zeit aber verliebte sich die Prinzessin in ihren Sklaven, und eines Nachts, während ihr Mann schlief, stahl sie den Siegelring und wünschte sich mit dem Sklaven auf eine Insel. Dort ließ sie von dem schwarzen Mann ein Schloß erbauen, und in diesem lebten sie fortan.

Als der Sohn der Witwe am anderen Morgen aufwachte und erkannte, was geschehen war, versank er in tiefe Trauer. Da kam die Katze herangeschlichen, schmeichelte sich an ihn und fragte: „Was fehlt dir, Herr?“

„Was mir fehlt?“ antwortete der junge Mann. „Heute nacht hat meine Frau mir meinen Siegelring geraubt und ist mit dem Sklaven davongelaufen.“

„Ach“, sagte die Katze, „den Ring will ich dir schon wiederbringen. Du mußt mir aber den Hund mitgeben, denn er läuft schneller als ich.“

Da befahl der junge Mann dem Hund, er solle die Katze tragen. Die Katze sprang also auf den Rücken des Hundes, und der trug sie über das Meer in das Schloß der Prinzessin. Dort durchsuchte die Katze alle Winkel, und als sie herausgefunden hatte, daß der Sklave den Ring unter seiner Zunge versteckt hielt, fing sie eine Maus, zu der sagte sie: „Du kannst dein Leben retten, wenn du deinen Schwanz in die Nase des Sklaven steckst.“

„Wie soll ich das anstellen?“ fragte die Maus.

„Warte, bis es Nacht geworden ist“, antwortete die Katze.

Als nun der Sklave im Schlaf das Kitzeln in der Nase spürte, fing er heftig zu niesen an, und dabei fiel ihm der Ring aus dem Mund heraus. Die Katze nahm den Ring und sprang auf den Rücken des Hundes, und der suchte eilig das Weite.

Während sie nun über das Meer zurückschwammen, sagte der Hund zur Katze: „Liebe Katze, sei doch so gut und zeige mir auch einmal den Ring.“

„Was ist daran schon zu sehen“, meinte die Katze.

Weil der Hund aber nicht nachließ, zog sie den Ring hervor, und als der Hund ihn nehmen wollte, fiel er ins Meer. Da schnappte ihn ein Fisch.

„Wehe uns!“ rief die Katze aus. „Was hast du angestellt? Ohne den Ring können wir nie und nimmer zu unserem Herrn zurückkehren.“

Aber im Wasser konnten sie auch nicht bleiben. Also schwammen sie an Land, und da kamen sie in einen Hafen. Dort überlegten sie nicht lange und gingen auf das größte Schiff, und die Katze wußte dem Schiffer so zu schmeicheln, daß dieser sagte: „Ei der Tausend, was für eine prächtige Katze ist uns da zugelaufen, wenn ich heute abend nach Hause komme und den Fisch koche, den ich gerade gefangen habe, so soll sie die Därme bekommen.“

Der Fisch aber war kein anderer als jener, der den Siegelring verschluckt hatte. Und als die Katze die Därme bekam, packte sie den Ring und sprang auf den Rücken des Hundes, und der brachte sie zu ihrem Herrn zurück. Der saß noch immer ganz traurig da, aber als er die Katze kommen sah, sprang er auf und rief: „Hast du ihn, mein Kätzchen?"

„Ja, Herr", sagte die Katze, „ich habe ihn, aber du mußt den Hund totschlagen, denn als wir auf dem Meer schwammen, ließ er mir keine Ruhe. Er wollte den Ring sehen, und als ich ihm den Ring gab, ließ er ihn ins Wasser fallen."

Da griff der Herr nach einem Stock und holte aus, um den Hund totzuschlagen. Die Katze besann sich aber und rief: „Laß ihn gehen, Herr, wir haben doch so lange zusammen aus einer Schüssel gegessen."

Darauf warf der Herr den Stock fort, nahm den Siegelring und leckte daran, und sogleich stand der schwarze Mann wieder vor ihm und fragte: „Was befiehlst du, Herr?"

Dieser sagte: „Bring mir das Schloß von der Insel mit meiner Frau darin hierher. Den Sklaven aber laß auf der Insel zurück."

Und sogleich stand das Schloß da, und der junge Mann ging hinein und lebte fortan mit seiner Frau glücklich und zufrieden.

Die goldene Schale

Es war einmal ein Fischer, der zog eines Morgens in der Stadt herum, um seine Fische zu verkaufen. Da kam ein Mann zu ihm, der fragte: „Was verlangst du für deine Fische?"

„Soviel, wie sie wert sind", antwortete der Fischer.

Da fragte der Mann: „Hundert Silberstücke?"

Und der Fischer wiederholte: „Soviel, wie sie wert sind."

Darauf bot ihm der Mann zweihundert Silberstücke. Nun überlegte der Fischer nicht länger. Er nahm das Geld und gab dafür die Fische.

Bevor sie jedoch auseinander gingen, sagte der Mann: „Wenn du wieder von diesen Fischen gefangen hast, so bring sie mir."

Und er beschrieb dem Fischer den Weg zu seinem Haus.

Am anderen Tag brachte der Fischer dem Mann einen noch größeren Fang, und der Mann fragte wieder: „Was verlangst du für deine Fische?"

„Soviel, wie sie wert sind", antwortete der Fischer.

Da bot ihm der Mann zuerst hundert, dann zweihundert, dann fünfhundert und schließlich tausend Silberstücke.

Der Fischer antwortete aber stets: „Soviel, wie sie wert sind", bis ihm der Mann fünftausend Silberstücke bot. Da gab der Fischer ihm seinen Fang. Und nachdem der Mann das Geld herbeigeschafft hatte, sagte er: „Wenn du wieder von diesen Fischen gefangen hast, so bringe sie mir."

Am anderen Tag fing der Fischer eine schöne Palamide. Da sagte er bei sich: ‚Die will ich für mich zubereiten.'

Als er nun den Fisch ausnahm, fand er darin eine goldene Schale. Da ging er hin und lud seine Freunde ein und aß mit ihnen den Fisch. Nachdem sie gegessen hatten, zog der Fischer die Schale hervor und füllte sie mit Wein. Und als er den Wein getrunken hatte, füllte sich die Schale wieder mit Goldstücken. Er schüttete das Gold erfreut vor sich auf den Boden und gab den anderen aus der Schale zu trinken. Und jedesmal, wenn sie geleert war, füllte sich die Schale wieder mit Gold.

Da sah der Fischer, daß er ein reicher Mann war, und weil er die Musik über alles liebte, kaufte er sich eine Zither. Er lernte so schön darauf zu spielen, daß jeder, der ihm zuhörte, alle Sorge vergaß.

Nicht lange danach kaufte der Fischer auch eine große Menge Waren, zog damit in ein anderes Königreich und mietete sich, dem Schloß des Königs gegenüber, einen Laden.

Dieser König hatte eine wunderschöne Tochter, und nachdem der Fischer sie das erste Mal erblickt hatte, nahm er seine Zither, eine Kanne Wein und die goldene Schale, ging in den Garten hinter dem Schloß und fing an, auf der Zither zu spielen. Als die Prinzessin das Spiel vernahm, trat sie neugierig ans Fenster, und da sah sie einen stattlichen jungen Mann, der Wein aus einer Schale trank. Sobald er aber die Schale geleert hatte, kehrte er sie um und schüttete daraus einen Haufen Goldstücke auf die Erde. Da lief die Prinzessin in den Garten und fragte den jungen Mann, ob er ihr die Schale nicht schenken wolle.

„Du sollst sie haben, wenn du mir einen Kuß dafür gibst", antwortete der Fischer.

Damit war die Prinzessin einverstanden, und sie gab dem jungen Mann einen Kuß. In dem Augenblick war aber der König an das Fenster getreten, und als er sah, daß seine Tochter einen Fremden küßte, jagte er sie aus dem Schloß.

Die Prinzessin ging mit dem Fischer in ein anderes Land. Dort wurde sie seine Frau. Und als ein Jahr vergangen war, gebar sie einen Sohn. Fünf Jahre blieben sie in der Fremde, dann hielt es die Prinzessin nicht mehr aus, und so brach sie mit ihrem Mann und ihrem Sohn auf, um nach dem Vater zu sehen.

Als sie in ihre Heimatstadt kamen, gingen sie aber nicht gleich in das Königsschloß, sondern mieteten sich ein Haus und richteten sich dort mit großer Pracht ein.

Der König hörte bald von den reichen Fremden, und weil er neugierig war, sie zu sehen, lud er sie zu einem Gastmahl in sein Schloß ein. Als sie da gegessen hatten, tranken sie zuerst aus den Gläsern, die auf der Tafel standen. Danach zog der Fischer seine goldene Schale hervor, füllte sie mit Wein, trank sie aus und schüttete die Goldstücke, die sich wieder darin befanden, vor sich hin. Darauf gab er die Schale seinem Nachbarn, und als der getrunken hatte und die Schale umkehrte, fiel auch vor diesem eine Menge Gold heraus. Und so ging es der Reihe nach mit allen Gästen.

Als die Tafel aufgehoben wurde und die Gäste sich verabschiedet hatten, wollte dem König die goldene Schale nicht aus dem Sinn. Schließlich fragte er seinen Wesir: „Was hältst du von der Schale?"

„Wer sie besitzt, kann von Glück reden!" antwortete der Wesir.

„Ja", sagte der König, „wer die Schale besitzt, ist im Glück."

Und der Wunsch, die goldene Schale zu besitzen, quälte den König so lange, bis er hinging und die Prinzessin bat, sie ihm zu schenken.

Die antwortete: „Du sollst sie haben, wenn du mir einen Kuß dafür gibst."

Der König willigte ein. Als er aber die Prinzessin küssen wollte, gab sie sich zu erkennen und sagte: ,,Schämst du dich nicht, in solch einen Tausch einzuwilligen? Und erinnerst du dich nicht, weshalb du mich verstoßen hast?“

Diese Rede gefiel dem König, und er besann sich nicht lange. Er ließ seinen Schwiegersohn rufen und machte ihn noch am selben Tag zum König und seine Tochter zur Königin.

Der Zauberspiegel

Es war einmal ein König, der hatte drei Söhne, denen war aufgetragen, das Kostbarste, das der König besaß, zu bewachen. Das war ein Spiegel, der jeden anzeigte, der ungebeten die Grenzen des Landes übertrat.

Eines Tages wirbelte ein Sturm heran, und der riß den Spiegel mit sich fort. Da machten sich die drei Königssöhne auf, den Spiegel zu suchen. Sie blieben so lange zusammen, bis sie auf einen hohen Berg gelangten. Dort legten sie ihre Ringe unter die Wurzeln eines Baumes und machten miteinander aus, daß der, welcher zuerst den Spiegel fände, auf den Berg zurückkehren, seinen Ring an den Finger stecken und auf die anderen warten solle. Danach schlug jeder einen anderen Weg ein.

Der älteste Königssohn kam bald darauf in eine Stadt, in der es ihm so gut gefiel, daß er dort blieb und bald sein ganzes Reisegeld verbraucht hatte, so daß er die Ochsen eines reichen Mannes hüten mußte, um nicht zu verhungern.

Dem zweiten Bruder ging es nicht anders. Er kam so herunter, daß er einem reichen Mann vor den Toren einer anderen Stadt die Schweine hüten mußte.

Der jüngste Königssohn gelangte in eine große Stadt. Dort nahm er ein Zimmer bei einer alten Frau, die eine schöne Tochter hatte. Eines Abends erzählte er der Alten von dem Spiegel, daß der Sturm ihn fortgetragen habe und er und seine Brüder nun auf der Suche nach ihm seien. Die Alte besann sich eine Weile. Dann sagte sie: „Der Drache, der die Stadt beherrscht, hat seit einiger Zeit einen Spiegel an dem großen Apfelbaum in seinem Garten hängen. Willst du versuchen, den Spiegel zu holen, so gehe morgen um die Mittagszeit hin. Dann liegt der Drache in tiefem Schlaf. Doch hüte dich davor, einen der Äpfel anzurühren."

„Ich will hingehen und deinen Rat befolgen", sagte der Königssohn.

Am anderen Tag um die Mittagszeit schlich er sich in den Garten. Dort gelangte er unbemerkt bis zu dem Apfelbaum. Als er aber den Spiegel an sich nehmen wollte, stieß er an einen Apfel, der fiel zu Boden und rief: „He, man will mich stehlen!"

Da stürzte die Wache herbei, und der Königssohn ließ den Spiegel fallen und entkam mit knapper Not. Als er zu der Alten zurückkam, sagte diese: „Nun mußt du ein ganzes Jahr warten, denn der Drache wird alle Äpfel ernten und den Spiegel in einer Truhe verschließen. Den Schlüssel zur Truhe wird er unter seiner Zunge verstecken, und so kann keiner an ihn heran."

Also blieb der Königssohn weiter im Haus der Alten, bis das Jahr um war. Da ging er wieder in den Garten. Und dieses Mal gelang es ihm, den Spiegel von dem Apfelbaum zu nehmen, ohne daß er dabei einen Apfel berührte. Wie er nun in das Haus der Alten zurückgekehrt war, hielt er um

die Hand ihrer schönen Tochter an. Und weil der Königssohn der Alten gefiel, willigte sie ein, und so wurde noch am selben Tag die Hochzeit gehalten.

Am anderen Morgen setzte der Königssohn seine junge Frau hinter sich aufs Pferd und ritt mit ihr auf den hohen Berg. Dort fand er unter den Wurzeln des Baumes die drei Ringe. Da ließ er seine Frau absteigen und ritt fort, seine Brüder zu suchen. Und als er sie gefunden hatte, bezahlte er ihre Schulden und kaufte ihnen Pferde und neue Kleider.

Als die beiden aber mit ihm auf den Berg kamen und sahen, daß er nicht nur den Spiegel, sondern auch eine schöne junge Frau gefunden hatte, wurden sie so neidisch, daß sie beschlossen, sich seiner zu entledigen. Anderntags kamen sie an einen breiten Fluß, in den stießen sie den Jüngsten hinein. Dem gelang es aber, sich an einem Baumstamm festzuhalten, bis dieser sich in den Sträuchern, die am Ufer wuchsen, verfing. Von dort gelangte der Königssohn in eine große Stadt, in der er sich zu einem Goldsticker in die Lehre gab.

Nachdem wiederum ein Jahr vergangen war, schickte der Königssohn einen Brief an seine Frau, in dem stand, daß sie ihr Hochzeitskleid bei dem Goldsticker bestellen solle. Dem Königssohn war nämlich zu Ohren gekommen, daß seine beiden Brüder ausgemacht hatten, seine Frau mit dem ältesten zu verheiraten. Ihrem Vater hatten sie erzählt, daß der Jüngste gestorben sei. Und da die junge Frau um ihr Leben fürchten mußte, wagte sie nicht, die Wahrheit zu bekennen.

Wie nun die junge Frau aber den Brief in Händen hielt, ging sie zum König und bat ihn, ihr Hochzeitskleid bei dem und dem Goldsticker, in der und der Stadt, zu bestellen. Der König gab ihrem Wunsch nach, und zur festgesetzten Zeit brachte ein Bote ein Kleid, wie der König zuvor noch keins gesehen hatte. Als er nun fragte, wer es gestickt hätte, antwortete die junge Frau: „Es war dein Sohn!"

Darauf erzählte sie, was sich zugetragen hatte. Und der König ließ seinen jüngsten Sohn holen, setzte ihm die Krone auf und jagte die beiden anderen aus dem Land.

Sonne, Mond und Morgenstern

Es waren einmal ein Mann und eine Frau, die hatten drei Töchter. Gemeinsam arbeiteten sie oft bis tief in die Nacht, und dennoch hatten sie nicht genug, um sich satt zu essen. Eines Abends, als sie bei der Arbeit saßen, sagte die Älteste zu den beiden anderen: ,,Ich wollte, ich hätte den Koch des Königs zum Mann, so könnte ich von allen guten Sachen, die für den König zubereitet werden, etwas essen.“

Da sagte die zweite: „Mir wäre es recht, wenn ich den Schatzmeister zum Mann hätte, dann brauchte ich mich um nichts mehr zu sorgen.“

Und die Jüngste sagte: „Wenn der Sohn des Königs mich zur Frau nähme, würde ich ihm drei Kinder schenken, schön wie die Sonne, der Mond und der Morgenstern.“

Gerade an jenem Abend hatte sich der Königssohn verkleidet und ging, nur von einem Diener begleitet, durch die Stadt, um zu erkunden, was die Leute redeten. Da hörte er nun auch, wie die drei Mädchen ihre Wünsche aussprachen, und als er einen Blick in das Fenster geworfen hatte, war er von der Schönheit der Jüngsten so bezaubert, daß er sein Siegel an die Tür drückte, damit das Haus auch am Tage wiedergefunden werden könne.

Am anderen Morgen ließ der Prinz die drei Mädchen holen und fragte sie, was sie am Abend zuvor miteinander besprochen hätten. Die Mädchen schämten sich sehr und wollten es nicht sagen. Aber der Prinz setzte ihnen so lange zu, bis jede von ihnen ihren Wunsch wiederholte. Darauf verheiratete er die Älteste mit dem Koch, die Mittlere mit dem Schatzmeister, und die Jüngste sollte seine Frau werden. Die alte Königin tat, was sie konnte, um ihren Sohn davon abzuhalten. Am Ende mußte sie aber nachgeben. Und so wurde die Jüngste die Frau des Prinzen.

Es war aber noch kein Jahr vergangen, da mußte der Prinz in den Krieg ziehen. Und bald darauf gebar seine junge Frau zwei Knaben und ein Mädchen; die nahm die alte Königin, kaum daß sie den ersten Schrei getan hatten, fort und tat ein Hündchen, ein Kätzchen und ein Mäuschen zu der jungen Frau ins Bett. Der Amme, der sie die Kinder gegeben hatte, war aufgetragen, die Neugeborenen in den Fluß zu werfen. Unterwegs empfand die Amme jedoch Mitleid mit den armen Kleinen, und so legte sie die drei nahe beim Fluß unter einen Strauch.

In der Gegend lebte aber ein Hirte, der keine Kinder hatte, und der bemerkte, daß jeden Morgen, wenn er seine Herde auf die Weide trieb, eine Ziege zu dem Strauch lief und mit leerem Euter wiederkam. Der Hirte wollte sehen, wo die Ziege ihre Milch ließ, darum ging er ihr eines Morgens nach und fand die Kinder. Voller Freude nahm er sie auf und brachte sie seiner Frau, und die hegte und pflegte sie. Als die Kinder herangewachsen waren, baute der Hirte einen Turm und ließ sie mit einer Magd darin wohnen.

Und die Frau des Prinzen? Ihr erging es von der Geburt ihrer Kinder an schlechter als bei ihren armen Eltern, denn die alte Königin hatte sie in den Hühnerstall sperren lassen, und als der Prinz aus dem Krieg zurückgekehrt war und nach seiner Frau gefragt hatte, war die Königin in laute Klage ausgebrochen: „O Jammer, mein Sohn! Nicht Kinder, schön wie die Sonne, der Mond und der Morgenstern, sondern einen Hund, eine Katze und eine Maus hat deine Frau zur Welt gebracht."

Darüber war der Prinz so traurig, daß er gar nicht mehr gefragt hatte, was denn aus seiner Frau geworden sei.

Nicht lange danach wurde der Prinz zum König ausgerufen, doch er war ein trauriger König, und es brauchte viele Jahre, ehe er eines Morgens beschloß, seinen Kummer zu vergessen und einen Spazierritt zu machen. Auf diesem Ritt sah er von weitem den Turm, den der Hirte für die Findelkinder hatte bauen lassen. Und als der König näherkam, sah er vor dem Turm die beiden Knaben, die sich auf ihren Pferden tummelten, und ihre Schwester, die am Fenster stand und ihnen zuschaute.

‚Ach', dachte der König, ‚Kinder wie diese hatte meine Frau mir versprochen.'

Und er blieb bei ihnen, bis es Abend wurde. Da verbeugten sich die Knaben vor ihm und gingen in den Turm. Und der König ritt zum Schloß und erzählte seiner Mutter von den schönen Kindern.

Die Mutter schöpfte aber Verdacht und sprach: „Hüte dich vor ihnen, mein Sohn, denn das sind gewiß keine Menschen, sondern Elfen."

Am anderen Morgen rief sie die Amme zu sich und sagte zu ihr: „O du Elende! Was hast du mit den drei Kindern gemacht? Mein Sohn hat sie entdeckt, und er ist ganz bezaubert von ihnen."

„Sorge dich nicht, Königin", antwortete die Amme. „Ich werde hingehen und sie aus dem Wege räumen."

Darauf zog sie sich alte Kleider an und ging, als es dunkel wurde, zu dem Turm. Dort jammerte und klagte sie so lange, bis die Magd sie fragte, was ihr denn fehle.

„Ich habe mich verirrt", antwortete die Amme, „und nun ist die Nacht hereingebrochen und ich weiß nicht, wo ich bleiben soll."

Da führte die Magd sie in ihre Kammer und richtete dort ein Lager für sie her. Am anderen Morgen bat die Amme die Magd, sie zu ihrer Herrin zu führen, da sie auch ihr für das Nachtlager danken wolle. Die Magd geleitete sie also die Treppe hinauf in die Kammer des Mädchens. Und als die Amme dessen Schönheit und alles, was es besaß, bewundert hatte, sagte sie: „Du bist schön wie die Sonne, aber um wirklich glücklich zu sein, fehlt dir noch etwas."

„Was ist es?" fragte das Mädchen.

„Es ist der Zweig, der eine wundersame Melodie spielt", antwortete die Amme.

Danach verabschiedete sie sich und ging ihrer Wege.

Das Mädchen dachte von nun an nur noch an den Zweig. Es sehnte sich so sehr danach, daß es krank wurde und sich ins Bett legen mußte. Da kamen die Brüder und fragten ihre Schwester, was ihr denn fehle. Die Schwester wollte es ihnen nicht sagen, und es kostete die Brüder viele Worte, es aus ihr herauszubringen. Als sie es nun aber erfahren hatten, bedachten sie sich nicht lange. Sie machten sich auf, um den Zweig zu suchen. Auf ihrem Weg begegneten sie einem Mönch, der fragte sie dieses und jenes, und schließlich erzählten sie auch, daß sie auf der Suche nach dem Zweig seien, der eine wundersame Melodie spiele. Als der Mönch das hörte, rief er: „Ach, liebe Kinder, nach diesem Zweig sind schon viele vor euch ausgezogen, und keiner ist nach Hause zurückgekehrt."

Weil die Knaben aber nicht umkehren wollten, besann sich der Mönch und sprach: „Wenn es nicht anders sein kann, so will ich euch wenigstens raten, was ihr zu tun habt. Der Zweig, nach dem ihr sucht, wird von zwei Drachen bewacht, denen ihr euch bei Tage nicht nähern dürft, denn sonst töten sie euch. Wartet also bis Mitternacht. Dann schlafen die Drachen so fest, daß ihr sie leicht überwältigen könnt."

Die Knaben bedankten sich und nahmen den Weg, den der Mönch ihnen gewiesen hatte. Und als sie in die Nähe des Baumes kamen, an dem der Zweig wuchs, warteten sie, bis es Mitternacht war. Da zogen sie ihre Schwerter und töteten die Drachen mit einem Hieb. Darauf brachen sie den Zweig, und ihre Schwester wurde wieder gesund.

Der König war währenddessen jeden Morgen vergeblich zu dem Turm geritten. Und jeden Abend hatte er voller Trauer seiner Mutter erzählt, daß er die schönen Kinder nicht mehr zu Gesicht bekommen habe. Das war der alten Königin nur recht.

„Habe ich dir nicht gesagt, daß es Elfen waren, die du gesehen hast?“ fragte sie ein um das andere Mal.

Doch der König gab es nicht auf. Er ritt weiter zum Turm, und als er eines Morgens die Knaben auf ihren Pferden und das Mädchen am Fenster erblickte, wurde er wieder guten Mutes.

„Da siehst du nun, wie recht ich hatte“, sagte er zu seiner Mutter, als er ihr erzählt hatte, daß die Kinder wieder zurück seien.

Die Mutter verbarg ihren Zorn und versuchte, wie zuvor, ihrem Sohn einzureden, daß er keine Menschen, sondern Elfen gesehen habe. Am anderen Morgen ließ sie jedoch nach der Amme rufen, und als diese vor ihr stand, hielt sie ihr vor, daß sie ihr Versprechen, die Kinder aus dem Wege zu räumen, nicht gehalten habe.

„Sorge dich nicht, Königin“, sagte darauf die Amme, „dieses Mal wird alles seinen Lauf nehmen.“

Dann zog sie die alten Kleider an und machte sich erneut auf den Weg zum Turm. Und wie das erste Mal, gelang es ihr, die Magd zu beschwatzen. Sie erhielt ein Lager für die Nacht und wurde, weil sie so sehr darum bat, am Morgen zu dem Mädchen geführt. Das Mädchen erkannte die Alte gleich wieder. Und freudig führte es sie ans Fenster und sagte: „Sieh nur, dort ist der Zweig, der die wundersame Melodie spielt. Und er trägt, seit er Wurzeln geschlagen hat, jeden Tag mehr als eine Schüssel voller Edelsteine.“

Die Amme riß voller Verwunderung die Augen weit auf, aber dann wandte sie sich wieder dem Mädchen zu und sprach. „Du bist schön wie die Sonne, und du hast nun auch den Zweig, der die wundersame Melodie spielt, aber etwas fehlt dir noch.“

„Was ist es?“ fragte das Mädchen.

„Es ist der Spiegel, in dem du die ganze Welt sehen kannst“, antwortete die Alte.

Darauf verabschiedete sie sich und ging fort. Das Mädchen wurde bald krank, und die Brüder setzten ihm wiederum so lange zu, bis es ihnen sagte, daß es sich nach dem Spiegel sehne, in dem man die ganze Welt sehen könne.

Die Brüder zögerten nicht. Sie sattelten ihre Pferde und ritten einen Monat und noch einen zweiten, bis sie an den Ort kamen, an dem der

Mönch lebte. Als sie ihm erzählt hatten, daß sie auf der Suche nach dem Spiegel seien, in dem man die ganze Welt sehen könne, rief der Mönch: „Ach, liebe Kinder, kehrt um! Denn viele haben schon vor euch versucht, in den Besitz des Spiegels zu gelangen, doch keiner ist nach Hause zurückgekehrt."

Weil der Mönch aber einsehen mußte, daß die Knaben niemals aufgeben würden, sagte er: „So will ich euch wenigstens einen Rat mitgeben. Der Spiegel wird von vierzig Drachen bewacht. Zwanzig schlafen bei Tag und zwanzig bei Nacht. Aber um Mitternacht versinken alle für eine Stunde in einen tiefen Schlaf. Da müßt ihr vorsichtig über einen nach dem anderen hinwegsteigen, so daß ihr keinen berührt."

Nachdem der Mönch das gesagt hatte, wies er den Brüdern den Weg, und die gelangten gegen Mitternacht, gerade als die Drachen eingeschlafen waren, an ihr Ziel. Währen nun der eine Wache hielt, stieg der andere über die vierzig Drachen und holte den Spiegel. Und ihre Schwester wurde, kaum daß sie ihn in Händen hielt, wieder gesund.

Tags darauf tummelten sich die Brüder wieder mit ihren Pferden auf der Wiese vor dem Turm, und als sie der König erblickte, wurde er sehr froh. Doch seine Mutter, der er am Abend erzählte, daß er den schönen Kindern wieder begegnet sei, blieb dabei, daß sie keine Menschen, sondern Elfen seien. Und am anderen Morgen ließ sie noch vor Sonnenaufgang die Amme rufen und drohte ihr, sie aus dem Schloß zu verbannen, wenn es ihr nicht gelänge, die Kinder aus dem Wege zu räumen. Die Amme versprach, daß es ihr dieses Mal ganz gewiß gelingen werde. Dann verkleidete sie sich wieder in die Alte, ging zum Turm und beschwatzte die Magd, ihr ein Lager in ihrer Kammer zu geben und sie am anderen Morgen zu dem Mädchen zu bringen. Dort sagte sie: „Ach, liebes Kind, du bist schön wie die Sonne. Und du besitzt den Zweig, der die wundersame Melodie spielt und auch den Spiegel, in dem du die ganze Welt sehen kannst, aber etwas fehlt dir doch noch."

„Was ist es?" fragte das Mädchen.

„Es ist der Vogel Dikjeretto. Wenn er in den Spiegel sieht, so sagt er dir, was die Menschen auf der ganzen Welt sprechen, denn der Vogel Dikjeretto versteht alle Sprachen dieser Welt."

Darauf verabschiedete sich die Alte und ging fort. Das Mädchen wurde bald darauf vor Sehnsucht nach dem Vogel krank, so daß es sich wieder ins Bett legen mußte.

Als nun die Brüder kamen und ihre Schwester fragten, was ihr denn fehle, antwortete sie: „Ich sehne mich nach dem Vogel Dikjeretto, der, wenn er in den Spiegel blickt, sagen kann, was die Menschen auf der ganzen Welt sprechen."

Da gingen die Brüder hin, holten zwei Hemden und gaben sie ihrer Schwester.

„Betrachte die Hemden täglich", sagten sie, „wenn sie schwarz werden, so wird uns ein Unglück zugestoßen sein."

Darauf sattelten die Brüder wieder ihre Pferde und ritten durch tiefe Täler und über hohe Berge, bis sie zu dem Mönch kamen, und der fragte sie freundlich, was sie denn dieses Mal vorhätten. Als er aber hörte, daß die Brüder den Vogel Dikjeretto fangen wollten, wurde er zornig und rief: „Für die Launen eurer Schwester würdet ihr euch in den Tod stürzen?"

Und er wollte ihnen durchaus nichts mehr sagen. Da ritten die Brüder weiter und gelangten an den Ort, an dem der Vogel lebte. Und kaum, daß sie ihn erblickt hatten, ging der eine hin, um ihn zu ergreifen. Da wandte sich der Vogel nach ihm um und sah ihn an, und sogleich wurde er zu Stein. Der andere wollte seinem Bruder zu Hilfe eilen, doch dem ging es geradeso.

Sowie aber die Brüder zu Stein geworden waren, wurden die beiden Hemden, die sie der Schwester gegeben hatten, schwarz.

„O, welch ein Unglück!" rief die Schwester aus. „Meine Brüder haben meinetwegen den Tod gefunden. Darum will auch ich nicht länger leben."

Und sie stieg auf ihr Pferd und ritt einen Monat und noch einen, bis sie zu dem Mönch kam. Zu dem sprach sie: „Guten Tag, Väterchen!"

„Guten Tag, mein Kind!" antwortete der Mönch. Und dann fragte er: „Wo willst du denn hin?"

„Ach", sagte das Mädchen, „meine Brüder haben meinetwegen den Tod gefunden. Darum will ich sie suchen und wie sie sterben."

Weil das Mädchen aber so schön war, hatte der Mönch Mitleid mit ihm, und so sagte er: „Wenn du an den Ort kommst, an dem der Vogel lebt, wirf deine Kleider ab und schleiche dich von hinten an den Vogel heran und

packe ihn an den Füßen. Wenn du in deinen Kleidern hingehen würdest, könnten sie in den Sträuchern knistern oder im Wind rauschen, und der Vogel würde dich, wie deine Brüder und viele andere vor ihnen, in Steine verwandeln.“

Da dankte das Mädchen dem Mönch für seinen Rat und ritt weiter, und als es an den Ort kam, an dem der Vogel lebte, zog es seine Kleider aus und schlich sich von hinten an den Vogel heran und packte ihn bei den Füßen. Der Vogel versuchte vergeblich zu entkommen. Und als das Mädchen ihn fragte, wo seine Brüder seien, antwortete er: „Da ist der eine und dort ist der andere. Wenn du sie aber wieder zum Leben erwecken willst, so mußt du in den Berg gehen, der sich jeden Mittag auftut. In dem Berg ist eine Quelle, und wenn du schnell genug bist und es dir gelingt, von dem Wasser dieser Quelle zu schöpfen und wieder aus dem Berg herauszukommen, bevor er sich schließt, so sind deine Brüder erlöst. Gelingt es dir aber nicht, so sind wir auch verloren.“

Am nächsten Mittag ging das Mädchen mit dem Vogel in der einen und einem Becher in der anderen Hand in den Berg. Dort lief es, so schnell es nur konnte, zu der Quelle, schöpfte von dem Wasser und lief wieder hinaus. Und der Berg schloß sich so dicht hinter ihm, daß er ein Stück ihres Kleides festhielt. Das Mädchen besann sich aber nicht lange. Es stellte den Becher ab, zog sein Schwert und trennte damit das Kleid ab, so daß es wieder frei war. Dann lief es zu den beiden Steinen und besprengte sie mit dem Wasser der Quelle.

„Oh“, riefen die Brüder, als sie wieder lebendig waren, wie aus einem Munde: „Wie fest haben wir geschlafen, und wie leicht sind wir aufgewacht!“

Darauf erzählte ihre Schwester ihnen, wie sie an den Vogel und an das Wasser des Lebens gelangt war. Und sie umarmten und küßten sich und besprengten nun auch die anderen Steine, die da lagen, und alle wurden zu schönen Jünglingen. Die begleiteten zum Dank die Geschwister zu dem Turm, den der Hirte für sie gebaut hatte. Und der Hirte war so erfreut über die Rückkehr der Kinder, daß er vierzig Lämmer schlachtete und so viel Wein herbeischaffte, daß sie drei Tage und drei Nächte lang zu essen und zu trinken hatten.

Als der König von dem großen Fest, das in dem Turm stattfand, hörte, wurde er neugierig, und zugleich hoffte er, die schönen Kinder wiederzusehen. Er ritt also hin, und es wurde ihm große Ehre zuteil.

Nachdem das Fest zu Ende war, kehrten die Jünglinge alle in ihre Heimat zurück. Der König blieb aber noch in dem Turm, und das Mädchen führte ihn herum und zeigte ihm den Zweig, der die wundersame Melodie spielte, den Spiegel, in dem man die ganze Welt sehen konnte und den Vogel, der auf alles, was man ihn fragte, eine Antwort wußte. Danach verabschiedete sich der König und lud die drei Kinder für den folgenden Sonntag in das Schloß ein. Seine Mutter erschrak zutiefst, als er ihr davon erzählte, doch so sehr sie auch nach einem Ausweg suchte, sie fand keinen.

Wie die Kinder nun am Sonntag ins Schloß gehen wollten, rief der Vogel: „Nehmt mich mit! Nehmt mich auch mit! Der König ist euer Vater!"

„Ei, was redest du da!" riefen die Kinder und lachten den Vogel aus.

Doch der sagte: „Glaubt es oder glaubt es nicht, nehmt mich mit, und ihr werdet alles sehen!"

Dann trug er dem Mädchen auf, einen Granatapfel mit Edelsteinen zu füllen und ihn im Schloß auf den Teller des Königs zu legen.

Die Kinder taten schließlich, was der Vogel ihnen gesagt hatte. Sie füllten einen Granatapfel mit Edelsteinen und gingen danach ins Schloß. Dort waren schon alle um die Tafel versammelt. Und als man den Kindern das Essen vorsetzte, holte das Mädchen den Apfel hervor, legte ihn auf den Teller des Königs und sprach: „Versuche auch etwas aus unserem Garten."

Da stieß die Mutter den König heimlich an und flüsterte ihm zu: „Habe ich dir nicht gesagt, daß es Elfen sind? Sie werden dich mit dem Granatapfel verzaubern!"

Der Vogel, dessen Käfig sie über der Tafel aufgehängt hatten, fing darauf an zu lachen. Und der König schnitt den Granatapfel an und fand darin statt der Kerne lauter Edelsteine.

„Wie ist es möglich", rief er da aus, „daß in einem Granatapfel Edelsteine wachsen?"

„Das ist freilich nicht möglich", antwortete darauf der Vogel. „Ist es aber möglich, daß eine Frau einem Hündchen, einem Kätzchen und einem Mäuschen das Leben schenkt?"

„Oh ja“, sagte der König, „denn das ist meiner eigenen Frau widerfahren.“

Nun wollten die Mutter des Königs und die Amme vom Tisch aufstehen, denn sie fürchteten, daß ihre böse Tat an den Tag käme. Doch der Vogel befahl ihnen zu bleiben und sprach zum König: „Sieh, o Herr! Deine Frau hat drei Kindern, schön wie die Sonne, der Mond und der Morgenstern das Leben geschenkt, aber deine Mutter hat alle getäuscht und deine Frau in den Hühnerstall gesperrt.“

Da sprang der König auf, küßte und herzte seine Kinder und ließ seine Frau aus dem Hühnerstall holen und sie mit königlichen Kleidern schmücken und zu ihm und seinen Kindern führen. Seine Mutter und die Amme aber ließ er auf die Straße jagen, und das geschah ihnen recht.

Wie einer die Sprache der Tiere erlernte

Es war einmal ein armer Mann, der ging in die Welt hinaus, um sein Glück zu machen. Nachdem er eine Weile gegangen war, kam er an einen Fluß. Da sah er viele Vögel auf den Bäumen sitzen, die sangen und zwitscherten so schön, daß er beschloß, an dem Fluß zu bleiben, bis er die Sprache der Vögel erlernt habe. Drei Jahre blieb der Mann, und da konnte er nicht nur mit den Vögeln, sondern auch mit allen anderen Tieren sprechen.

Als der Mann nach Hause zurückkehrte, fragte ihn seine Frau: „Wo ist das Geld, das du während der langen Wanderschaft verdient hast?“

Der Mann antwortete: „Ich habe nichts verdient, aber dafür kann ich die Sprache der Vögel und der anderen Tiere, die am Fluß leben, sprechen.“

Da fing die Frau an zu jammern und zu klagen. Doch der Mann kümmerte sich nicht darum.

Er dachte: ‚Ich werde mein Glück schon noch machen.‘

Eines Tages hörte er, daß die Königin eine Kröte verschluckt habe.

‚Ei‘, dachte der Mann, ‚das ist etwas für mich!‘

Und er ging zum Schloß und klopfte an das Tor. Wie nun die Wächter das Tor aufmachten und ihn sahen, hielten sie ihn für einen Bettler und wollten ihn davonjagen. Der Mann machte jedoch ein solches Geschrei, daß es bis in die Gemächer der Königin drang, und die befahl, den Mann einzulassen.

„Was hat dich hergführt?“ fragte ihn dann die Königin.

„Man hat mir von deinem Unglück erzählt“, antwortete der Mann.

Und dann begann er, wie ein Vogel zu singen. Doch die Kröte im Leib der Königin blieb stumm. Darauf quakte der Mann wie ein Frosch. Und auch da blieb die Kröte stumm. Endlich versuchte er es in der Sprache der Kröten: „He, was machst du da drinnen?“

Die Kröte antwortete: „Nichts!“

„Darf ich zu dir kommen?“ fragte der Mann.

„Nein“, antwortete die Kröte, „für zwei ist hier nicht Platz.“

„Bekommst du gutes Essen?“ fragte der Mann.

„O ja“, antwortete die Kröte, „aber mitunter kommen auch saure Sachen an, und die kann ich gar nicht vertragen.“

Da ließ der Mann Essig herbeiholen und gab der Königin der Gläser voll davon zu trinken. Daran starb die Kröte, und die Königin brach sie bald danach aus.

Der König war darüber sehr erfreut, und er fragte den Mann: „Was verlangst du für deine kluge Tat?“

Der Mann antwortete: „Ich verlange nichts.“

Darauf ließ der König sich aber nicht ein, er langte in die Tasche, holte ein Goldstück hervor und gab es dem Mann. Der bedankte sich, ging hin und gab das Goldstück seiner Frau.

Der Mann mit der Erbse

Es war einmal ein junger Mann, der hieß Penteklimas, und der ging in die Welt, sein Glück zu suchen. Als er eine Weile gegangen war, fand er auf dem Weg eine Erbse liegen. Er hob sie auf, und dabei dachte er, da er nun die Erbse gefunden habe, müsse dies wohl sein Glück sein.

‚Wenn ich die Erbse in die Erde stecke, so werde ich übers Jahr hundert Erbsen haben, und wenn ich diese das andere Jahr säe, werde ich das

Zehnfache ernten, und im vierten Jahr werden es viele tausend Erbsen sein. Ich bin also gut dran', sagte sich Penteklimas. Dann kehrte er um, nahm Tinte und Feder und rechnete auf einem Stück Papier aus, wieviele Erbsen er in dem einen und wieviele er in dem anderen Jahr ernten werde, und so fort. Und als er mit dem Rechnen fertig war, sprach er: „Ich bin wirklich gut dran!"

Am anderen Tag machte er sich auf und ging an die Küste, um dort zweihundert Schiffe zu mieten, und als ihn die Leute fragten, was er denn mit so vielen Schiffen vorhabe, sagte er, daß er darauf seine gesamte Habe nach Hause holen wolle. Da glaubten die Leute, er wolle sie zum besten halten. Als er aber fortgehen wollte, hielten sie ihn zurück und fragten ihn, aus was denn seine ganze Habe bestehe. Da holte Penteklimas die Erbse hervor, machte nochmals vor aller Augen seine Rechnung und schloß danach mit den Schiffern die Verträge.

Darauf liefen die Schiffer zum König und erzählten ihm, daß ein Mann in den Hafen gekommen wäre, der so reich sei, daß er zweihundert Schiffe gemietet habe, um seine Habe zu verschiffen. Als der König das hörte, wunderte er sich sehr, und er ließ Penteklimas kommen, um selbst mit ihm zu sprechen. Penteklimas hatte sich unterdessen so schöne Kleider machen lassen, daß ihm von seinem Geld nur noch zweihundert Kupferstücke übriggeblieben waren, aber er machte sich keine Sorgen. Er hatte ja die Erbse, die sein Glück war. So erschien er guten Mutes vor dem König, und der fragte ihn, wo er sein Vermögen habe.

„Es ist an einem sicheren Ort", antwortete Penteklimas, „und ich brauche die zweihundert Schiffe, um es hierher zu schaffen."

Da dachte der König: ‚Das wäre der rechte Mann für meine Tochter.'

Also fragte er ihn, ob er nicht seine Tochter heiraten wolle. Als Penteklimas das hörte, wurde er ganz nachdenklich, und er sagte bei sich: ‚Ich bin meiner Sache freilich noch nicht sicher, doch wenn ich nein sage, so wird der König es am Ende noch verhindern, daß man mir die Schiffe gibt.'

Und so sprach er: „Ich will erst hingehen und mein Vermögen holen, und dann soll die Hochzeit sein."

Weil Penteklimas aber gezögert hatte, wurde der König nur noch begieriger, ihn als seinen Schwiegersohn zu sehen. Darum sprach er:

„Wenn du unbedingt die Reise machen willst, so verlobe dich wenigstens vorher mit meiner Tochter."

Damit war Penteklimas zufrieden. Doch als er glaubte, daß nun alles geregelt sei, befahl der König, daß er im Schloß schlafen solle. Einen Diener aber wies der König an, daß das Lager mit zerrissenen Bettüchern und einer zerlumpten Decke hergerichtet werden und daß der Diener die Nacht über beobachten solle, ob Penteklimas schlafe oder nicht.

‚Denn wenn er schläft', dachte der König, ‚so ist er ein armer Schlucker, wenn er aber nicht schläft, so ist er gut erzogen und in neuem Bettzeug zu schlafen gewohnt.'

Am anderen Morgen erzählte der Diener dem König, daß Penteklimas die ganze Nacht über sehr unruhig gewesen sei und kein Auge zugetan habe. Das kam aber daher, weil Penteklimas gefürchtet hatte, in den Lumpen seine Erbse zu verlieren, und so hatte er immer wieder dahin gegriffen, wo sie verborgen war, um sich zu überzeugen, ob sie noch da sei.

Dem König war es nur recht, er freute sich, daß Penteklimas eine schlechte Nacht verbracht hatte, und er befahl, nun ein weiches und schönes Lager zu bereiten. Und darin schlief Penteklimas ganz vortrefflich, weil er keine Furcht hatte, daß er seine Erbse verlieren könne.

Als der König am anderen Morgen hörte, daß Penteklimas eine angenehme Nacht verbracht hatte, war er überzeugt, daß dieser und kein anderer der rechte Mann für seine Tochter sei, und er drang darauf, daß die Verlobung gehalten werden solle.

In der Nacht nach der Verlobung träumte Penteklimas, daß er sein Glück verloren habe. Da wachte er auf und griff so hastig nach seiner Erbse, daß sie zu Boden fiel. Und nun fing er an zu schreien und zu schluchzen: „Oh Unheil! Wo ist mein Glück? Wo ist mein Glück?"

Der Diener hatte es wohl gehört und berichtete dem König davon, und der wunderte sich sehr.

Penteklimas vertiefte sich mehr und mehr in seine Rechnungen, bis er endlich dem Drängen des Königs nachgab und mit zweihundert Schiffen auf das Meer hinausfuhr. Als er aber während der Fahrt wieder einmal über seinen Rechnungen saß, da fiel es ihm wie Schuppen von den Augen, wie unsinnig sein Treiben war, denn er hatte ja nicht einmal für ein Feld gesorgt, und nun befand er sich mit zweihundert Schiffen auf dem Meer, um die Ernte zu holen, die erst nach vielen Jahren einzubringen wäre.

‚Ich bin ein Wahnsinniger', dachte er bei sich, ‚aber was soll ich anfangen, wo ich den König und so viele Leute betrogen habe? Wahrlich, es bleibt mir nichts anderes übrig, als mich aus dem Staub zu machen.'

Penteklimas sann nun auf einen Vorwand, wie er das Schiff, auf dem er sich befand, verlassen könnte. Endlich, nahe der nächstbesten Küste, sprach er zu den Schiffern: „Hier sollt ihr mich absetzen und so lange warten, bis ich euch rufe, denn um meine Schätze auszugraben, muß ich allein sein."

Als er aber an Land gekommen war, ging er in den Wald und versteckte sich darin. Er wollte erst dann wieder hervorkommen, wenn die Schiffer, des Wartens müde, abgefahren wären.

Die Schiffer warteten lange Zeit, und als sie des Wartens müde waren, beschlossen sie, Penteklimas zu suchen. Sie begaben sich also an Land und durchsuchten den ganzen Wald, bis sie darin eine ganz mit Goldstücken angefüllte Höhle entdeckten. Und nicht weit davon entdeckten sie in einem Dickicht auch Penteklimas.

„Komm her! Komm her!" riefen sie ihm zu. „Wir haben deinen Schatz gefunden!"

Penteklimas wollte ihnen nicht glauben, doch dann faßte er sich ein Herz und ging in die Höhle. Und als er sah, daß die Schiffer tatsächlich unermeßliche Schätze gefunden hatten, befahl er, die Schiffe zu beladen. So geschah es. Penteklimas kehrte nun als reicher Mann nach Hause zurück und hielt Hochzeit mit der Königstochter und wurde ein großer Mann.

Die drei streitenden Brüder

Es war einmal ein König, der hatte drei Söhne. Eines Tages beschloß er, den Ältesten zu verheiraten. Er schickte also einen seiner Diener aus, eine Braut zu suchen, die ebenso schön wie klug sein sollte.

Nachdem der Diener eine Weile im Land herumgezogen war, kam er in eine Stadt, und dort sah er ein Mädchen von großer Schönheit. Da ging der

Diener hin und fragte es dies und das, und weil es auf jede Frage eine Antwort wußte, sah er, daß es ebenso klug wie schön war. Also fragte er das Mädchen, ob es die Frau des ältesten Königssohnes werden wolle.

„Was mir bestimmt ist, soll geschehen", antwortete das Mädchen.

Dann ging es nach Hause, zog sich neue Kleider an, packte alles, an dem sein Herz hing, zusammen und folgte dem Diener in die Hauptstadt. Kaum hatten dort aber die drei Königssöhne das Mädchen erblickt, da begannen sie miteinander zu streiten, denn jeder begehrte es zur Frau.

Dem König blieb nichts anderes zu tun, als seine Räte zusammenzurufen und sie zu fragen, wie sich der Friede wieder herstellen lassen könnte. Die Räte berieten sich einen Tag. Dann gingen sie zum König und sagten ihm, er solle seine Söhne in die Fremde schicken und derjenige, welcher das beste Ding der Welt nach Hause bringe, solle das Mädchen zur Frau erhalten. Damit war der König zufrieden.

Am anderen Morgen zogen die drei Söhne aus, das beste Ding der Welt zu suchen. Bis Konstantinopel blieben sie zusammen. Da machten sie aus, daß sie sich an dem und dem Tag wieder beim Osttor einfinden wollten.

Der Älteste gelangte bald darauf in eine kleine Stadt. Dort stieg er in einem Gasthaus ab. Als er sich zu Bett legen wollte, hörte er, wie ein Ausrufer ein Fernrohr feilbot. Da ließ er den Mann in sein Zimmer holen und fragte ihn, was er für das Fernrohr verlange.

„Dies ist kein gewöhnliches Fernrohr. Es zeigt dir alles, was du zu sehen wünschst. Also verlange ich dafür dreitausend Silberstücke", antwortete der Ausrufer.

Da nahm der Königssohn das Fernrohr und wünschte das schöne Mädchen im Schloß seines Vaters zu sehen. Und gleich darauf sah er das Mädchen, wie es vor dem Spiegel stand und sich das Haar kämmte.

Nun zögerte der Prinz keinen Augenblick. Er gab dem Ausrufer, was er verlangt hatte, und machte sich auf den Rückweg nach Konstantinopel. Dort wartete er auf seine Brüder.

Unterdessen war der mittlere der drei Brüder von einer Stadt in die andere gezogen. Eines Morgens kam er auf einen Markt, auf dem ein Ausrufer eine Apfelsine feilbot, für die er viertausend Silberstücke verlangte. Der Prinz ließ ihn rufen und fragte ihn, was denn das Besondere an der Apfelsine sei.

„Ich verlange dafür einen so hohen Preis, weil die Apfelsine jeden Kranken, der daran riecht, wieder gesund macht," antwortete der Ausrufer.

Da nahm der Prinz die Apfelsine, ging zu einem Kranken und ließ ihn daran riechen, und sogleich war der Kranke wieder gesund. Weil er nun gesehen hatte, daß der Ausrufer die Wahrheit gesprochen hatte, kaufte der Prinz ihm die Apfelsine ab und kehrte damit nach Konstantinopel zurück. Dort traf er seinen ältesten Bruder, und zusammen warteten sie auf den jüngsten.

Der Jüngste war mittlerweile in einer Stadt angelangt, in der ein Ausrufer vor dem Haus eines reichen Mannes einen Teppich feilbot, ohne daß sich in dem Haus ein Fenster oder eine Türe auftat.

„Was verlangst du denn für den Teppich?" fragte der Königssohn.

„Fünftausend Silberstücke, nicht einen mehr und nicht einen weniger", antwortete der Ausrufer.

„Das ist ein hoher Preis", sagte der Prinz.

Als ihm aber der Ausrufer erzählte, daß es sich um keinen gewöhnlichen Teppich handele, da er alle, die auf ihm säßen, an den Ort brächte, an den sie sich wünschten, sagte er: „So zeige mir, ob der Teppich wirklich ein solches Wunder zu vollbringen vermag."

Da setzte sich der Ausrufer auf den Teppich und forderte den Prinzen auf, sich neben ihn zu setzen. Und als der Prinz der Aufforderung nachgekommen war, wünschte der Ausrufer, daß der Teppich ihn in sein Dorf und dort vor sein Haus tragen solle.

Darauf erhob der Teppich sich in die Lüfte und flog über die Stadt hinweg und weiter, bis vor das Haus des Ausrufers.

‚Etwas Besseres kann es auf der ganzen Welt nicht geben', dachte der Prinz. Dann gab er dem Ausrufer die fünftausend Silberstücke, setzte sich wieder auf den Teppich und flog damit in die Nähe der Stadt Konstantinopel. Dort rollte er den Teppich zusammen, kaufte sich ein neues Pferd und ritt zu seinen Brüdern.

Keiner von den dreien wollte dem anderen sagen, welche Bewandtnis es mit dem habe, was er erworben hatte. Als sie aber zum Tor der Stadt hinausgeritten waren, sagte der Jüngste: „Wir haben so viel Ungemach auf uns genommen, und wissen nicht einmal, wie es um das Mädchen steht."

Da zog der Älteste sein Fernrohr hervor und wünschte sich, in das Schloß ihres Vaters blicken zu können. Wie erschrak er aber, als er erkannte, daß dort große Verwirrung herrschte, denn das Mädchen war von einer schweren Krankheit heimgesucht und lag im Sterben.

Kaum hatte das der mittlere Bruder vernommen, da rief er: „Ach, wenn wir nur rasch im Schloß sein könnten, dann würde alles wieder gut, denn sobald ein Kranker an meiner Apfelsine riecht, wird er gesund."

Darauf stieg der Jüngste von seinem Pferd, nahm den Teppich, rollte ihn aus und sagte: „Mein Teppich wird uns gewiß noch rechtzeitig in unseres Vaters Schloß zurückbringen."

Seine Brüder wollten seinen Worten keinen Glauben schenken, doch als sie auf dem Teppich saßen und dieser sie durch die Lüfte trug, riefen sie ‚Ah' und ‚Oh' und waren fröhlich und guter Dinge.

Im Schloß eilten sie sogleich in das Gemach, in dem das Mädchen lag. Das hielt die Augen geschlossen und atmete kaum noch. Als ihm aber der mittlere der Brüder die Apfelsine vor das Gesicht hielt, schlug es die Augen auf und war wieder gesund.

Damit war es aber auch um die Eintracht der Brüder geschehen. Sie begannen von neuem, miteinander zu streiten.

Der Älteste sprach: „Das Mädchen gehört mir, denn ich habe es durch mein Fernrohr erblickt."

Der zweite sprach: „Es gehört mir, denn hätte ich die Apfelsine nicht gehabt, wäre es jetzt nicht gesund."

Der dritte sprach: „Nein, das Mädchen gehört mir und keinem anderen, denn ohne meinen Teppich wäre alle Hilfe zu spät gekommen."

Als der König sie so reden hörte, geriet er in große Verlegenheit. Wie sollte er, da alle drei Recht und keiner Unrecht hatte, urteilen? Nun, um allem Streit ein Ende zu machen, erklärte er, daß keiner von den dreien das Mädchen haben solle, da er es selbst zur Frau nehmen werde. Und so geschah es denn auch.

Die Prinzessin und die Taube

Es waren einmal ein König und eine Königin, die hatten eine Tochter, um die sie in großer Sorge waren; denn die Prinzessin verließ niemals das Schloß, sondern saß den ganzen Tag in ihrem Gemach und stickte.

Eines Tages sprach die Königin: „Höre, mein Kind, laß dich endlich verheiraten. Ich will für dich einen Prinzen auswählen, wie es auf der Welt keinen zweiten gibt."

Aber die Prinzessin sagte: „Nein!"

Und dabei blieb es.

Nicht lange danach, als die Prinzessin wieder allein in ihrem Gemach saß, kam eine Taube zum Fenster hereingeflogen. Die Prinzessin fing die Taube und strich ihr behutsam über die Federn.

Dann fragte die Taube: „Sag, hast du mich lieb?"

„Ja", antwortete die Prinzessin, „ich habe dich lieb."

„Wenn es ist, wie du sagst", ließ sich darauf die Taube vernehmen, „so halte morgen eine Schüssel voll Milch für mich bereit."

Und nachdem sie das gesagt hatte, flog sie durch das Fenster davon.

Am anderen Morgen ließ die Prinzessin eine Schüssel voll Milch in ihr Gemach bringen, und als die Taube kam und die Schüssel sah, tauchte sie hinein, ließ ihre Federn darin und stieg als ein schöner Jüngling hervor. Die Prinzessin wollte ihn vor lauter Freude auf die Wangen küssen, aber der Jüngling hielt sie zurück und sagte: „Ich will jeden Tag zu dir kommen, wenn du zwei Bedingungen erfüllst. Die erste ist, daß du deinen Eltern niemals von meiner wahren Gestalt erzählst, und die zweite, daß du drei Jahre wartest, bis ich in meiner wahren Gestalt bei dir bleiben kann."

Die Prinzessin versprach, die Bedingungen zu erfüllen. Und als sie ihre Ringe gewechselt hatten, tauchte der Jüngling seine Füße in die Milch und verwandelte sich wieder in die Taube.

Von da an kam der Jüngling täglich als Taube zu der Prinzessin, und am Abend flog er als Taube wieder davon. Darüber vergingen zwei Jahre, und während dieser ganzen Zeit verlangten der König und die Königin, ihre Tochter solle sich verheiraten lassen. Die Prinzessin wies aber hartnäckig alle Gedanken an die Hochzeit mit dem Prinzen, den die Königin für sie ausgewählt hatte, zurück, bis sie es eines Tages nicht mehr aushalten konnte und ausrief: „Quäle mich nicht länger, liebe Mutter, denn ich habe längst einen Bräutigam!"

Und von Stund an kam die Taube nicht mehr. Die Prinzessin wartete einen Tag um den anderen, aber all ihr Warten war vergebens. Da wurde sie immer trauriger, und sie weinte und klagte den ganzen Tag. Doch eines Morgens trat sie vor ihre Eltern und sagte: „Laßt mir drei Paar eiserne Schuhe und drei Wanderstäbe machen. Ich will durch die ganze Welt ziehen und nicht eher ruhen, bis ich meinen Bräutigam gefunden habe."

Da dachten die Eltern: ‚Wir haben unsere Tochter sowieso verloren. Wir wollen ihr also ihre Wünsche erfüllen.‘

Und sie ließen drei Paar eiserne Schuhe und drei Wanderstäbe anfertigen und ließen sie gehen.

Die Prinzessin wanderte drei Jahre lang in der Welt umher, und wem immer sie unterwegs begegnete, den fragte sie nach der Taube, doch niemand hatte sie gesehen und niemand wußte etwas von ihr. So kehrte die Prinzessin, nachdem die drei Jahre um waren, in das Schloß ihrer Eltern zurück.

Als sie dort ankam, ging sie in ihr Gemach und schloß sich ein. Wie aber ihr Vater an die Tür klopfte, machte sie ihm auf und sagte: „Laß mir ein großes Badehaus bauen und, sobald es fertiggestellt ist, im ganzen Land bekanntmachen, daß alle, ob arm oder reich, sich darin baden können, daß mir aber ein jeder eine Geschichte erzählen muß, damit mein Kummer vergeht.“

Da ging der König hin und ließ das Badehaus bauen, und als es fertig war, kamen groß und klein und arm und reich, um sich darin zu baden, und ein jeder ging danach zu der Prinzessin und erzählte ihr eine Geschichte. Doch es half alles nichts, die Prinzessin konnte ihren Kummer nicht vergessen.

In der Königsstadt lebte aber eine arme alte Frau, die hatte eine Tochter, und als diese von dem Bad hörte, sprach sie zu der alten Frau: „Liebe Mutter, erlaube mir, auch baden zu gehen und danach der Prinzessin eine Geschichte zu erzählen.“

„Ach“, erwiderte die Mutter, „was für eine Geschichte wüßtest du zu erzählen?“

Doch das Mädchen bat so lange, bis die Mutter es gehen ließ. Damit die Mutter aber genug Wasser im Hause hätte, während es sich im Bad aufhalten würde, ging das Mädchen vorher mit einem Krug zur Quelle. Und auf seinem Weg dorthin lief plötzlich ein Hahn mit Holzschuhen an den Füßen vor ihr her.

Während das Mädchen ihn verwundert betrachtete, dachte es bei sich: ‚Ich will doch sehen, wo er hingeht.‘ Und es schlich dem Hahn nach und sah, wie er zuerst in einen Garten lief und von allen Früchten und allem Gemüse etwas in seinen Korb tat. Danach nahm er den Korb wieder auf und lief, bis er in einem Haus verschwand. Das Mädchen schlich ihm auch

dorthin nach, und da sah es, daß in der Stube eine große Schüssel voll Milch stand. Wie es aber aus seinem Versteck hervortreten wollte, sah es elf Tauben zum Fenster hereingeflogen kommen, die tauchten in die Milch und stiegen daraus als schöne Jünglinge hervor. Nicht lange danach kam auch die zwölfte Taube durch das Fenster geflogen, doch sie tauchte nicht in d e Milch, sondern setzte sich abseits.

„Wenn du verheiratet wärst, könntest du jetzt wie wir sein", sprach einer der Jünglinge zu der Taube. „Doch deine Braut hat das Geheimnis nicht für sich behalten, also kannst du dich nicht mehr verwandeln."

„Ja", sagte darauf die Taube, „meine Braut hat das Geheimnis ausgeplaudert, aber hat sie nicht auch drei Jahre lang vergeblich in der ganzen Welt nach mir gesucht?"

Als das Mädchen dieses Gespräch mitangehört hatte, schlich es sich leise fort. Und es hatte es nun so eilig, in das Badehaus zu kommen, daß es ganz vergaß, den Krug mit dem Wasser der Quelle zu füllen.

„Mutter!" rief es, als es zu Hause den leeren Krug absetzte, „jetzt kann ich ohne Bedenken ins Bad gehen, denn ich habe eine gute Geschichte. Sie wird die Prinzessin ihren Kummer vergessen lassen."

Das Mädchen mußte die ganze Nacht warten, bis man es zu der Prinzessin brachte. Als es aber endlich soweit war, sprach es: „Höre, Prinzessin, ich weiß eine gute Geschichte."

Danach erzählte das Mädchen der Prinzessin, was es gesehen und gehört hatte. Und als es fertig war, rief die Prinzessin: „Ach, mein Kind, du hast recht daran getan, daß du zu mir gekommen bist, und nun führe mich rasch in das Haus, in dem du die Tauben gesehen hast."

Da ging das Mädchen voraus, und die Prinzessin folgte ihm. Und als sie zu dem Haus kamen, versteckte sich die Prinzessin hinter der Tür und wartete, bis die Tauben kamen.

Zuerst kamen fünf Tauben und danach sechs, und alle tauchten in die Milch und verwandelten sich in schöne Jünglinge. Endlich kam aber auch die zwölfte Taube, und als die Prinzessin hörte, wie die Jünglinge sie verhöhnten, sprang sie aus ihrem Versteck hervor und strich der Taube behutsam über die Federn. Da wurde die Taube wieder der schöne Jüngling, den die Prinzessin beweint hatte. Und so heirateten sie denn bald darauf und lebten fortan in Glück und Frieden.

Das Schlangenkind

Es war einmal eine Frau, die hatte keine Kinder, sie wünschte sich aber so sehr eins, daß sie eines Tages ausrief: „Ach, hätte ich doch ein Kind, und wenn es nur eine Schlange wäre."

Und als ein Jahr um war, lag eine Schlange in ihrem Bett. Die Frau hatte nun, was sie wollte, und sie pflegte die Schlange wie ein Kind. Sie tat sie anfangs in eine Mulde, doch bald wurde die Schlange so groß, daß sie keinen Platz mehr darin hatte. Und sie wurde immer größer und größer.

Eines Morgens sagte die Schlange: „Mutter, ich will eine Frau haben.“

Die Mutter erschrak.

„Wer wird denn eine Schlange heiraten wollen?“ fragte sie.

Darüber wurde die Schlange zornig.

„Wenn du keine Frau für mich suchst“, sagte sie, „so fresse ich dich!“

Da ging die Frau in die Kirche und sagte zu den dort versammelten Frauen: „Ich suche eine Frau für meinen Sohn. Er will heiraten.“

Als die Frauen das hörten, lachten sie, doch eine trat hervor und sprach: „Ich gebe dir meine Stieftochter.“

„Wenn sie aber gefressen wird?“ fragte die Schlangenmutter.

„So liegt mir auch nichts daran“, sagte die Frau.

Als ihre Stieftochter vernahm, daß sie eine Schlange heiraten solle, wurde sie sehr traurig. Sie ging an das Grab ihrer Mutter und weinte dort so lange, bis sie einschlief. Da sah sie im Traum ihre Mutter, und die sagte: „Fürchte dich nicht vor der Schlange. Sie ist ein schöner Jüngling. Du mußt nur darauf bedacht sein, seine Schlangenhaut zu verbrennen, wenn er sie ausgezogen hat.“

Darauf erwachte das Mädchen, und es ging getröstet heim. Und als es mit der Schlange verheiratet wurde, wunderten sich die Leute, wie ruhig es war.

Am Morgen nach der Hochzeit fragte die Schwiegermutter, ob ihr Sohn in der Nacht ebenso wäre wie am Tag.

„Ach nein“, antwortete die junge Frau. „Mein Mann ist keine Schlange. Er ist ein schöner Jüngling, der nur am Tag in einer Schlangenhaut steckt, und wenn er sie auszieht, so sieht er aus wie der Sohn der Sonne.“

Da sagte die Schwiegermutter: „Es ist gut. Heute Abend wollen wir den Backofen heizen, und wenn du merkst, daß dein Mann eingeschlafen ist, so wirf die Schlangenhaut aus dem Fenster. Ich will sie auffangen und in den Backofen werfen, damit sie verbrennt.“

Der jungen Frau war es nur recht, und als ihr Mann am Abend eingeschlafen war, warf sie die Schlangenhaut aus dem Fenster, und die Schwiegermutter fing sie auf und warf sie in den Backofen. Während die Haut darin verbrannte, erwachte der junge Mann.

„Es riecht nach verbrannter Schlangenhaut", sagte er.

„Ach was, es riecht nach verbranntem Brot", sagte seine Frau, „schlaf nur ruhig weiter."

Als nun der junge Mann am anderen Morgen die Schlangenhaut nicht mehr fand, begann er zu jammern und zu klagen, doch es half ihm alles nichts.

Bald darauf gebar seine Frau einen Knaben, und am selben Tag mußte der Mann in den Krieg ziehen.

Die Stiefmutter hatte die junge Frau aber seit langem um ihr Glück beneidet und sich darüber geärgert, daß sie dem schönen jungen Mann nicht ihre eigene Tochter zur Frau gegeben hatte. Als dieser nun in den Krieg gezogen war, ging sie heimlich in die Kammer ihrer Stieftochter, zog sie aus dem Bett und führte sie in eine öde Gegend. Danach befahl sie ihrer Tochter, sich in das Bett zu legen. Ihre Tochter tat, wie ihr geheißen war. Sie legte sich in das Bett und stellte sich, als ob sie krank wäre und das Kind nicht nähren könne. Also nahm man eine Amme in das Haus.

Die junge Frau weinte währenddessen bittere Tränen, und die drangen in die Erde und fielen auf einen Menschen, den man lebendig begraben hatte. Dieser Mensch hieß Kyrikos. Er erwachte von den Tränen, stieg aus dem Grab und fragte die junge Frau, was sie denn quäle. Da erzählte die junge Frau ihm, wie es ihr ergangen war. Darauf fragte Kyrikos sie, ob sie mit ihm in sein Haus gehen wolle, und die junge Frau ging mit ihm.

Als nun der junge Mann aus dem Krieg heimkam, fragte er seine Mutter:

„Wo ist meine Frau?"

„Da ist sie doch", antwortete die Mutter, denn sie glaubte, ihre Schwiegertochter habe sich im Kindbett so verändert.

„Ei was", rief der junge Mann, „ich sollte meine Schwägerin, die Stiefschwester meiner Frau, nicht kennen? Meine Frau ist wohl gestorben, und ihr wollt es mir nicht sagen."

Da rief seine Schwägerin: „Sieh her, ich bin deine Frau! Warum willst du mich nicht wiedererkennen?"

Doch der junge Mann ließ sich nicht irremachen.

Nicht lange danach führte ein Zufall ihn in das Dorf des Kyrikos, und dort erblickte er seine Frau und erkannte sie gleich, und auch die Frau erkannte ihren Mann wieder, und sie umarmten und küßten sich. Als er aber erfuhr, daß sie mit einem anderen Mann verheiratet sei, ging er hin und verklagte Kyrikos vor Gericht und forderte seine Frau zurück.

Da fragte der Richter die junge Frau: „Welchen der beiden willst du nun zum Mann.“

Die Frau antwortete: „Sie sind mir beide gleich lieb, denn sie waren beide gut zu mir.“

Darauf entschied der Richter, daß die beiden Männer auf einen Berg steigen und, wenn sie oben angekommen wären, rufen sollten: ‚Wir haben Hunger und Durst!‘ Dann sollte ihnen die Frau antworten: ‚Kommt, ich will euch Essen und Trinken geben!‘ Darauf sollten die Männer um die Wette den Berg hinunterlaufen, und wer zuerst bei der Frau ankomme, der sollte sie behalten.

So geschah es, und beim Wettlauf überholte der junge Mann den Kyrikos.

Da sprach Kyrikos: „Lebe wohl, liebe Frau, ich werde dahin zurückkehren, wo ich hergekommen bin.“

Und damit trennten sie sich.

Der junge Mann aber führte seine junge Frau nach Hause zurück, jagte seine Schwägerin davon und lebte von nun an mit seiner Frau glücklich und zufrieden.

Die listige Mäherin

Es war einmal eine junge Frau, die diente bei einem Riesen und hatte dessen Äcker zu mähen. Eines Morgens, während sie bei der Arbeit war und nicht wußte, wie sie fertig werden sollte, kam ein junger Mann daher und schlug ihr vor, gegen eine Mahlzeit den ganzen Acker zu schneiden.

„Gut", sagte die Frau, „es bleibt dabei. Du schneidest den Acker und bekommst dafür heute abend, was du verlangt hast."

Darauf ging sie zu dem zweiten Acker, und während sie diesen zu schneiden begann, kam ein anderer junger Mann und machte ihr denselben Vorschlag wie der erste. Die junge Frau nahm ihn an und ging zu dem dritten Acker, den sie zu schneiden hatte. Nicht lange danach kam ein Zigeuner daher, und der hatte denselben Vorschlag wie die beiden anderen. Die junge Frau nahm auch den an und sagte, daß sie nun nach Hause gehen und eine reichliche Mahlzeit zubereiten wolle.

Am Abend kamen die beiden jungen Männer und sagten, daß sie ihre Arbeit getan hätten. Die junge Frau empfing sie sehr freundlich und forderte sie auf, sich niederzusetzen und auszuruhen. Als sie ihnen aber das Abendessen auftrug, und sie sich gütlich tun wollten, kam auch der Zigeuner von der Arbeit zurück, und in Erwartung der guten Mahlzeit pochte er gewaltig an die Haustür.

Da rief die junge Frau: „Ach, der Riese kommt, wo soll ich euch nur verstecken, damit er euch nicht frißt?"

Als die jungen Männer das hörten, sprangen sie aus dem Fenster und versteckten sich hinter einem Getreidebehälter.

Gleich darauf kam der Zigeuner in das Haus gepoltert und rief: „Guten Abend, junge Frau, die Arbeit ist getan, und nun komme ich, mir meinen Lohn zu holen."

Der Lärm, den der Zigeuner machte, erschreckte die jungen Leute so sehr, daß sie über die Hofmauer sprangen. Als der Zigeuner das Geräusch hörte, glaubte er, daß es der Riese sei, der gekommen wäre, ihn zu fressen. Und in seiner Angst sprang er aus dem Fenster und über die Hofmauer und rief: „O Unglück, der Riese will mich fressen! Der Riese will mich fressen!"

Der Zufall wollte es aber, daß er mit den zwei jungen Männern zusammentraf, und da gab eine Frage die andere, und es kam heraus, daß sie sich voreinander gefürchtet hatten.

Also sprachen sie zueinander: „Da wir nun einmal hergekommen sind und unsere Arbeit getan haben, so wollen wir auch nicht um den Lohn kommen."

Als sie zum Haus der jungen Frau kamen, fanden sie es aber fest verschlossen, und all ihr Klopfen und Rufen war vergebens. Da stiegen sie auf das Dach, deckten ein Stück davon ab und ließen den ersten hinunter, und der sagte noch zu den beiden anderen: „Wenn ich ‚Zezikas' rufe, so zieht mich wieder herauf."

Bevor er aber den Boden erreicht hatte, stach ihn die junge Frau mit einem glühenden Eisen.

Da schrie er: „Zezikas!"

Und die beiden anderen zogen ihn herauf. Nun kam die Reihe an den zweiten, und dem ging es gerade so.

Da sprach der Zigeuner: „Ich kann mein Essen nicht in solcher Eile hinunterschlingen. Ihr dürft mich also nicht eher wieder heraufziehen, bis ich vierzigmal ‚Zezikas' gerufen habe."

Als er nun hinuntergelassen wurde, empfing ihn die junge Frau ebenso wie die anderen. Und da rief er: „Zezikas! Zezikas!"

Aber er hatte gut rufen. Die anderen zählten ‚eins, zwei, drei, vier' und zogen ihn erst wieder hinauf, als sie bei vierzig angekommen waren.

Das Mädchen im Krieg

Es war einmal ein König, der war sehr betrübt, daß er, weil er schon alt und schwach war, nicht mit in den Krieg ziehen konnte, der über das befreundete Nachbarland hereingebrochen war. So saß er tagelang da und sann darüber nach, was er tun solle.

Eines Morgens kam seine älteste Tochter zu ihm und fragte: „Warum bist du so traurig, Vater?“

„Kümmere dich nicht darum, geh nur deiner Wege", antwortete der König.

„Ich gehe erst dann wieder meiner Wege, wenn du mir gesagt hast, was dich bedrückt", sagte das Mädchen.

„Nun, ich soll in den Krieg ziehen, aber dazu bin ich zu alt und zu schwach", sagte der König.

„Ei", rief das Mädchen, „ich glaubte, du zerbrächest dir den Kopf, wie du mich endlich verheiraten könntest!"

Und dann verließ es den Vater.

Darauf fragte die zweite Tochter: „Warum bist du so traurig, Vater?"

„Kümmere dich nicht darum, geh nur deiner Wege", antwortete der König.

„O nein", sagte das Mädchen, „du mußt mir erst sagen, was es ist."

„Ich will es für mich behalten" sagte der König, „denn sonst gibst du mir die gleiche Antwort wie deine Schwester."

Doch das Mädchen gab nicht nach, und so erzählte der König, was ihn bedrückte.

„Ei", rief das Mädchen da aus, „und ich glaubte, du zerbrächest dir den Kopf, wie du mich verheiraten könntest!"

Un dann ging es wieder seiner Wege.

Nicht lange danach kam die jüngste Tochter und fragte: „Was ist dir, Väterchen?"

„Kümmere dich nicht darum, geh nur deiner Wege", antwortete der König, „denn sonst antwortest du mir wie deine Schwestern."

„Nein, nein, das werde ich gewiß nicht tun!" rief das Mädchen.

„Also", sagte der König, „du willst wissen, warum ich so traurig bin? Es ist allein deshalb, weil ich in den Krieg ziehen soll, der über das Nachbarland hereingebrochen ist, aber ich bin zu alt und zu schwach. Was soll ich tun?"

„Nicht mehr sollst du tun, als mir Männerkleidung machen lassen und mir ein gutes Pferd geben, damit ich an deiner Statt in den Krieg ziehen kann", sagte das Mädchen.

„Ach was", sagte der König, „du bist doch ein Mädchen."

„Daran soll es nicht liegen. Ich will nicht nur hinreiten, ich will auch siegen", sagte das Mädchen.

Da ließ der König Männerkleidung machen und ein gutes Pferd aus dem Stall holen, und das Mädchen zog in den Krieg und überwand viele Feinde.

In diesen Krieg war aber auch ein Prinz aus einem anderen Königreich gezogen. Und als das Mädchen mit ihm zusammen nach Hause zog, kehrte es in dem Schloß des Prinzen ein. Der ging, kaum daß sie angekommen waren, zu seiner Mutter und sagte: „Ich glaube, mein Begleiter ist gar kein Mann, sondern ein Mädchen."

„Wie kann denn ein Mädchen in den Krieg ziehen?" fragte die Mutter.

Weil er aber bei seiner Meinung blieb, riet ihm die Mutter: „Führe deinen Begleiter in den Wald, und wenn die Nacht hereinbricht, so legt euch im Gras schlafen. Ist dein Begleiter ein Mädchen, so wird es sich, damit seine Kleider keine Falten bekommen, im Schlaf ruhig verhalten. Ist dein Begleiter jedoch ein Mann, so wird es ihm nicht darauf ankommen, und er wird sich von einer Seite auf die andere wälzen."

Der Prinz tat, wie seine Mutter es ihm geraten hatte. Er führte seinen Begleiter in den Wald und wachte die ganze Nacht.

Am anderen Morgen sagte er zu seiner Mutter. „Mein Begleiter hat nicht auf seine Kleider geachtet, er hat sich im Schlaf von einer Seite auf die andere gewälzt."

„Habe ich dir nicht gesagt, daß es ein Mann ist?" fragte die Mutter.

„Du hast es gesagt", antwortete der Prinz, „doch ich bleibe dabei, daß es ein Mädchen ist."

Als die Königstochter anderntags Abschied genommen hatte, um in das Reich ihres Vaters zurückzukehren, ritt sie zum Schloßtor hinaus und rief: „Das Mädchen im Krieg!"

Der Prinz hörte es und sagte zu seiner Mutter: „Siehst du nun, wie recht ich hatte? Es ist ein Mädchen. Und ich werde in das Reich seines Vaters reiten und es zur Frau nehmen."

Dann zog der Prinz sich alte Kleider an, kaufte mehrere Halsketten und Armreifen, ritt in die Stadt, in der das Schloß des alten Königs stand, und schrie dort: „Halsketten und Armreifen für den goldenen Zahn!" Denn er wußte, daß die Prinzessin einen Zahn verloren und daß man ihr dafür einen goldenen eingesetzt hatte.

Als die Mägde der Prinzessin das Geschrei hörten, sprachen sie: „Herrin, hörst du nicht, was dieser Lump ruft?"

„Laßt ihn nur schreien", antwortete die Prinzessin.

„Wollen wir nichts von ihm kaufen?" fragten die Mägde.

„Er soll zeigen, was er hat", antwortete die Prinzessin.

Als die Mägde den Krämer vor die Prinzessin gebracht hatten, fragte diese, wieviel Taler er für einen Armreif verlange.

Da antwortete der Krämer: „Ich verlange kein Geld."

„Was verlangst du denn?" wollte die Prinzessin wissen.

„Ein Maß voll Erbsen", antwortete der Krämer.

Über diese Antwort lachten die Mägde laut auf. Die Prinzessin befahl aber, dem Krämer die Erbsen zu geben. Und die Mägde gaben sie ihm.

Wie er aber die Erbsen in seinen Beutel schütten wollte, tat er so ungeschickt, daß die Erbsen auf die Erde fielen. Da hockte er sich hin, um sie, eine nach der anderen, aufzulesen.

„Warum tust du das? Warum bittest du uns nicht um ein anderes Maß voll Erbsen?" fragten die Mägde.

Darauf antwortete er nicht, statt dessen bat er, ihm eine Kammer zu zeigen, in der er die Nacht verbringen könnte.

Die Mägde traten zu der Prinzessin und fragten sie, ob sie ihnen die Erlaubnis gäbe, dem Krämer eine Kammer zuzuweisen. Und die Prinzessin sagte ja, man solle ihn in die und die Kammer führen.

Als aber alle im Schloß schliefen, schlich sich der Prinz in das Gemach der Prinzessin, warf ein Schlafkraut auf sie, nahm sie auf die Schultern und trug sie in seine Heimat. Und dort wurde die Prinzessin, als sie aus ihrem tiefen Schlaf erwacht war, seine Frau.

Georgios und der Drake

Es waren einmal ein Mann und eine Frau, die hatten zwei Söhne, Athanasios und Georgios. Athanasios war häßlich wie die Nacht und Georgios schön wie der Tag. Als sie herangewachsen waren, gingen sie eines Tages zusammen in den Wald. Da packte Athanasios seinen Bruder, band ihn an einen Baum und ging seiner Wege. Er glaubte, daß er Georgios, den er stets beneidet hatte, dem Tod überlassen zu haben.

Der Zufall wollte es aber, daß ein alter Schäfer seine Herde durch den Wald trieb, und als dieser den Jüngling erblickte, fragte er: „Warum hat man dich denn an den Baum gebunden, mein Sohn?"

„Weil ich, wie du, einen krummen Rücken hatte", erwiderte Georgios.

„Willst du mich, da du doch geheilt bist, nicht an deiner Stelle anbinden?" fragte der Schäfer.

„Warum sollte ich dir den Gefallen nicht tun? Wenn du mich losgebunden hast, will ich den Strick um dich winden, so gut ich es vermag", erwiderte Georgios.

Da löste der Schäfer den Strick, und Georgios band den Schäfer an den Baum. Dann trieb er die Schafe zusammen und zog mit ihnen fort. Am anderen Morgen begegnete er einem Ziegenhirten, den betrog er auch um seine Herde, und dem Ochsenhirten, der ihm nach einer Weile über den Weg lief, erging es ebenso.

Durch diese und ähnliche Streiche wurde Georgios bald so berühmt, daß selbst der König neugierig wurde, den zu sehen, der alle Welt betrügen könne. Also befahl er seinen Wächtern, Georgios einzufangen und ins Schloß zu bringen.

Als Georgios vor dem König stand, sprach dieser zu ihm: „Du hast durch die Streiche, die du den Leuten gespielt hast, den Tod verdient. Wenn du aber imstande bist, mir das Flügelpferd des Draken zu bringen, so will ich dir das Leben schenken."

Da machte Georgios sich auf und ging geradewegs in den Stall, in dem das Flügelpferd des Draken stand. Als er aber die Hand ausstreckte, um es am Zaum zu fassen, fing das Pferd an zu wiehern. Davon wurde der Drake, der in der Stube über dem Stall schlief, wach.

„Sag, mein Pferdchen, warum machst du solch einen Lärm?" rief er.

Das Flügelpferd antwortete nicht, und so streckte Georgios nach einer Weile erneut die Hand nach dem Zaum aus. Aber das Pferd fing gleich wieder so laut zu wiehern an, daß der Drake abermals aufwachte und fragte: „Sag, mein Pferdchen, warum machst du solch einen Lärm?"

Als der Drake zum dritten Mal geweckt wurde, ohne daß er auf seine Frage eine Antwort erhielt, wurde er böse, ging in den Stall, nahm die Peitsche und gab dem Pferd eine derbe Tracht Prügel. Das verdroß das Pferd so sehr, daß es keinen Laut von sich gab, als Georgios es, kaum daß er den Draken schnarchen hörte, aus dem Stall führte, sich auf seinen Rücken schwang und, so laut er konnte, rief:

„He, Drake! Wenn dich einer fragt, wer dir dein Pferd gestohlen hat, so sage nur, daß es der schöne Georgios gewesen sei."

Als Georgios das Flügelpferd dem König vorführte, sagte dieser: „Ich bin mit dir zufrieden, doch nun gehe hin und hole mir auch die Bettdecke des Draken."

„Wenn es weiter nichts ist, die will ich dir schon holen", sagte Georgios.

Dann wartete er, bis es Nacht war. Da ging er zum Haus des Draken, stieg auf das Dach, öffnete die Luke und versuchte mit einem Haken, der an einem Seil hing, die Bettdecke heraufzuziehen. An der Bettdecke waren aber vier Glöckchen befestigt, und die fingen nun zu klingen an. Davon wachte der Drake auf und rief: „Frau, warum hast du mich geweckt?" Dann zog er die Bettdecke an sich und zugleich Georgios mit ihr herunter in die Stube.

„Sieh an", rief der Drake, „der schöne Georgios!"

Dann band er ihn und sprach zu seiner Frau: „Morgen sollst du ihn mir zum Mittagessen bereiten."

Als der Drake am anderen Morgen das Haus verlassen hatte, packte die Frau des Draken Georgios und löste seine Stricke. Der verlegte sich aufs Bitten und sagte: „Warte doch wenigstens, bis ich mich, wie es die Sitte verlangt, vor dir, der Herrin des Hauses, verbeugt habe."

Und wie ihn die Frau losließ, bückte er sich, packte sie bei den Beinen, riß sie zu Boden und steckte sie in den Backofen. Dann nahm er die Bettdecke und ging damit zum König. Dem war es aber immer noch nicht genug.

„Erst wenn du mir den Draken herbeigeschafft hast, soll mein Spruch aufgehoben sein", sagte er.

„Ich werde dir den Draken schon bringen", sagte Georgios. „Doch dafür mußt du mir zwei Jahre Zeit lassen, damit mir ein langer Bart wächst und er mich nicht erkennt."

Der König war es zufrieden, und so wartete Georgios zwei Jahre lang. Da war ihm ein langer Bart gewachsen, und niemand erkannte ihn. Also ging er wieder zum Haus des Draken. Unterwegs begegnete er einem Bettler.

,,Willst du nicht deine alten Kleider gegen meine neuen tauschen?" fragte er diesen.

,,Warum sollte ich es nicht wollen?" entgegnete der Bettler. Dann zog er seine Kleider aus und erhielt dafür die des Georgios. Der ging in den Kleidern des Bettlers in das Haus des Draken, der dabei war, einen Kasten zu zimmern, und sprach: ,,Guten Tag, Hochwohlgeboren, gibst du mir ein Stückchen Brot?"

,,Warte, bis ich mit meiner Arbeit fertig bin", sagte der Drake.

,,Was hast du denn mit diesem Kasten vor?" fragte Georgios.

,,Das sollst du gern hören", antwortete der Drake. ,,Doch zuvor sage du mir, ob du schon mal von dem schönen Georgios gehört hast, der den Leuten schon manchen Streich gespielt hat."

,,Ich habe von ihm gehört", sagte der Bettler.

,,Nun", fuhr der Drake fort, ,,dieser Bösewicht ist selbst an meinem Haus nicht vorbeigegangen. Er hat mein Flügelpferd entführt, mir meine Bettdecke weggenommen und meine Frau in den Backofen gesteckt. Darum habe ich den Kasten gezimmert, um ihn hineinzustecken, sobald ich ihn erwische."

,,Gut", sprach Georgios, ,,so will ich dir verraten, daß der Bösewicht auch mir übel mitgespielt hat. Er und kein anderer war es, der mich ins Elend gebracht hat. Aber aus deinem Kasten kannst du gleich wieder Brennholz machen. Er ist zu klein, denn der schöne Georgios ist ein großer Mensch."

,,Ach was", sagte der Drake, ,,der Kasten wäre selbst für mich groß genug."

Georgios blieb aber dabei, daß der Kasten zu klein sei. Da legte der Drake sich in den Kasten und sagte: ,,Sieh nur, es ist, wie ich es dir sagte, der Kasten ist groß genug."

,,Ja", sprach Georgios darauf, ,,aber dieser Mensch ist auch sehr stark. Laß mich den Kasten schließen und versuche du dann, ob du den Deckel öffnen kannst. Gelingt es dir, so ist deine Arbeit doch umsonst gewesen."

Der Drake ließ es zu, daß Georgios den Deckel schloß, und stemmte sich von innen dagegen. Doch es war umsonst, der Deckel öffnete sich nicht.

,,Was habe ich dir gesagt" rief der Drake, ,,ich brauche keinen zweiten Kasten zu zimmern. Dieser tut es ganz gewiß. Mach also geschwind wieder auf, damit ich losgehen kann, den Bösewicht, der uns ins Elend gebracht hat, zu suchen."

Aber Georgios dachte nicht daran, den Deckel zu öffnen. Er nahm den Kasten auf den Rücken und trug ihn zum König. Der wollte aber einen Blick auf den Draken werfen, und so ließ er ein Loch in den Kasten schneiden. Das war gerade so groß, daß ein Mensch hindurchging, und so klein, daß der Drake nicht entkommen konnte. Doch kaum hatte der König einen Blick in das Loch getan, unter dem der Mund des Draken war, da sog dieser die Luft ein und verschluckte den König.

„Neugier tut nicht immer gut", sagte Georgios.

Dann ging er hin, nahm die Tochter des Königs zur Frau und rief sich selbst zum neuen König aus.

Der starke Dimitros

Es waren einmal ein Mann und eine Frau, die hatten drei Söhne, von denen spielte der jüngste tagein, tagaus auf seiner Gitarre. Eines Abends sagte sein Vater zu ihm: „Morgen mußt du in aller Frühe aufstehen und mit uns aufs Erntefeld gehen."

„Gut", sagte der Jüngste, dessen Name Dimitros war, „morgen will ich mit euch gehen."

Als sie am anderen Morgen auf dem Erntefeld ankamen, sagte Dimitros zu seinem Vater: „Wir wollen aus dem Feld vier Teile machen. Jeder von euch soll den Teil schneiden, den er will, einer wird mir übrig bleiben."

Der Vater und die Brüder waren damit zufrieden und machten sich sogleich daran, das Korn zu schneiden. Dimitros aber fuhr fort: „Mir ist es jetzt zu heiß zum Arbeiten. Ich will ein bißchen schlafen. Weckt mich zur Mittagszeit."

Da fragte der Vater: „Wie willst du es denn schaffen, deinen Teil zu schneiden?"

„Sorge dich nicht darum", antwortete Dimitros.

Dann ging er hin und legte sich schlafen.

„Als Faulenzer wurde er geboren, und als Faulenzer wird er sterben", sagte der Vater, und er machte sich erneut an die Arbeit.

Zur Frühstückszeit sagte der Vater zu seinem ältesten Sohn: „Gehe und wecke Dimitros."

Der älteste Sohn tat, was ihm aufgetragen war, aber Dimitros wälzte sich auf die andere Seite und sagte: „Siehst du nicht, daß es noch früh am Tag ist, und habe ich euch nicht gesagt, daß ihr mich erst zur Mittagszeit wecken sollt?"

Dann schlief er weiter.

Als es Mittagszeit war, weckte ihn der mittlere Sohn, aber Dimitros meinte, daß es auch jetzt noch zu früh sei. Erst nach einer Weile stand er auf, nahm seine Sichel und schnitt so emsig drauflos, daß er, bevor sein Vater und seine Brüder fertig waren, seinen Teil geschnitten hatte.

Danach gingen sie nach Hause und aßen zu Abend. Und nachdem sie gegessen hatten, nahm Dimitros eine seiner beiden Gitarren, ging damit vor das Haus und sang und spielte bis Mitternacht. Dann rief er: „Hört, ihr Berge und Täler, gibt es auf der ganzen Welt einen Stärkeren als mich?"

Und die Berge und Täler antworteten: „Nein, den gibt es nicht!"

Dasselbe wiederholte sich am folgenden Abend. Als Dimitros aber am dritten Abend die Berge und Täler wieder befragte, antwortete ihm eine alte Frau: „Du bist zwar ein starker Mann, aber der Drake, der die Königstochter geraubt hat, ist doch stärker als du."

Am anderen Morgen bat Dimitros seine Eltern um ihren Segen, weil er in die Welt hinausgehen wolle. Da fing seine Mutter zu klagen und zu weinen an. Aber Dimitros nahm die Gitarre und sagte: „Ich muß den Draken finden, der stärker sein soll als ich."

Dann wies er auf die zweite Gitarre und fuhr fort: „Wenn du aber siehst, daß ihre Saiten gesprungen sind, so mache dich auf und suche mich."

Darauf gaben ihm die Eltern ihren Segen, und er machte sich auf den Weg. Eines Morgens erblickte er von der Spitze eines Berges aus einen Turm, der in der Ebene stand, und auf den ging er zu.

Als er zu dem Turm kam, sah er davor eine Scheune, die ganz aus Blei war. Der Turm hatte aber keine Tür, sondern nur ein Fenster, und als Dimitros zu dem Fenster hinaufsah, erblickte er darin ein Mädchen von großer Schönheit, das rief ihm zu: „Wie bist du hierhergelangt, an diesen Ort, an den selbst ein Vogel sich nicht verirrt?"

„Ich bin meiner Nase nachgelaufen", antwortete Dimitros. „Doch nun sage mir, wie ich zu dir in den Turm kommen kann."

Da sprach das schöne Mädchen: „Du mußt vom Dach der Scheune aus in das Fenster springen."

Dimitros stieg auf das Scheunendach und schwang sich von dort aus in das Fenster, und als er oben war, umarmte er das Mädchen und küßte es.

Das Mädchen aber sprach: „Wenn der Drake kommt, so wird er uns beide töten."

Da lachte Dimitros und sagte: „Hab keine Furcht, denn seinetwegen bin ich hergekommen. Setz dich her und lause mich ein bißchen, und wenn der Drake kommt, will ich schon mit ihm fertig werden."

Darauf legte er den Kopf in den Schoß des Mädchens, und das lauste ihn. Weil Dimitros von dem langen Weg sehr müde war, schlief er bald ein.

Als nun die Stunde herankam, in der der Drake gewöhnlich erschien, fing das Mädchen zu weinen an, und davon erwachte Dimitros und sagte: „Weine nicht, ich werde mit dem Draken schon fertig."

Dann nahm er seine Gitarre, setzte sich an das Fenster und spielte und sang dazu. Bald darauf kam der Drake, und als er Dimitros am Fenster sah, rief er ihm zu: „He, Elender, hier kommt nicht einmal ein Vogel her, wie kamst du in den Turm?"

„Laß mich zuerst mein Lied zu Ende singen, dann will ich es dir sagen", antwortete Dimitros. Und als er sein Lied zu Ende gesungen hatte, gab er dem Mädchen die Gitarre und sprang auf die Scheune hinunter und packte den Draken. Während er aber mit ihm rang, stampfte der Drake den Dimitros bis zu den Knien in die Bleischeune ein, und darüber wurde Dimitros so zornig, daß er den Draken noch fester packte und ihn bis zum Bauch in die Scheune stieß.

Da rief das Mädchen ihm zu: „Mut, nur Mut, lieber Dimitros. Bezwinge den Draken, sonst ist es um uns beide geschehen!"

Als Dimitros das hörte, packte er seinen Gegner noch einmal und drückte ihn bis zum Hals in die Scheune. Dann zog er sein Schwert und tötete ihn.

Danach kehrte er in den Turm zurück und lebte dort eine Zeitlang mit dem Mädchen heiter und vergnügt. Eines Abends aber nahm er seine Gitarre, setzte sich ans Fenster und spielte und sang bis Mitternacht. Dann hörte er auf und rief: „Hört, ihr Berge und Täler, gibt es einen Stärkeren als mich in der Welt?"

Und die Berge und die Täler antworteten: „Nein, es gibt keinen Stärkeren!"

In der zweiten Nacht ging es ebenso, aber in der dritten antwortete wieder die Alte: „Du bist zwar ein starker Mann, aber der Bruder des Draken, den du getötet hast, ist doch stärker als du."

Die Alte war das Schicksal der Mädchen, die von den Draken geraubt worden waren.

Am anderen Morgen sagte Dimitros zu dem Mädchen: „Wir wollen zu deinem Vater in die Stadt gehen und fortan dort leben."

Da machten sie sich auf den Weg, und als sie in der Stadt angekommen waren, sagte Dimitros: „Geh nur schon voraus und erzähle deinem Vater, wie es dir ergangen ist. Ich will dann nachkommen."

Während das Mädchen in die Stadt ging, kehrte Dimitros aber in das Gebirge zurück und wanderte so lange, bis er zu einem anderen Turm kam, vor dem eine Scheune aus Kupfer stand. Und im Fenster dieses Turmes erschien ein Mädchen, das so schön wie die Sonne war, und das fragte Dimitros: „Wie kommst du hierher, an diesen Ort, an den selbst ein Vogel sich nicht verirrt. Kehre nur schnell wieder um, denn wenn der Drake kommt, so bist du verloren!"

Aber Dimitros hörte nicht auf das Mädchen. Er sprang von dem Dach der Scheune aus in das Fenster des Turmes, legte seinen Kopf in den Schoß des Mädchens und schlief ein, während es ihn lauste.

Das Mädchen aber dachte an das Schicksal, das sie erwartete, und es begann zu weinen. Seine Tränen weckten den Dimitros, und der nahm seine Gitarre und spielte und sang. Bald darauf erschien der Drake auf dem Scheunendach und rief Dimitros zu: „He, Elender, du hast meinen Bruder getötet, und dafür werde ich dir jetzt den Hals umdrehen!"

Dimitros ließ sich aber nicht einschüchtern.

„Warte, ich komme gleich", sagte er. „Ich will nur noch ein Lied singen."

Und als er das Lied gesungen hatte, sprang er auf das Scheunendach hinab und packte den Draken. Der Drake drückte Dimitros gleich bis an die Knie in das Kupferdach ein. Und darüber wurde Dimitros so zornig, daß er seine Kräfte zurückgewann und den Draken bis zum Hals hineinstieß.

„Warte", rief das Mädchen. „Ich will versuchen hinunterzuspringen und dir zu helfen."

Aber da zog Dimitros schon sein Schwert und tötete den Draken. Dann kehrte er in den Turm zurück. Am dritten Abend begann er wieder zu singen und zu spielen, und als es Mitternacht war, hörte er auf und rief: „Hört, ihr Berge und Täler, gibt es auf der ganzen Welt einen Stärkeren als mich?"

Da antwortete die Alte: „Du bist zwar ein starker Mann, aber der älteste Bruder der beiden Draken, die du getötet hast, ist doch stärker als du."

Am anderen Morgen sagte Dimitros zu dem Mädchen, daß sie in die Stadt zu seinem Vater gehen und dort leben wollten. Sie machten sich also auf den Weg, und als sie nahe bei der Stadt waren, schickte Dimitros das Mädchen voraus, damit es seinem Vater erzähle, wie es ihm ergangen sei.

Dimitros aber kehrte ins Gebirge zurück und ruhte nicht eher, bis er auch den Turm des dritten Draken gefunden hatte. Vor dem Turm stand eine stählerne Scheune, und als er nach dem Turmfenster sah, erkannte er, daß es viel höher als die anderen war. Da setzte er sich auf das Dach der Scheune und dachte darüber nach, wie er wohl in das Fenster gelangen könne. Und wie er so dasaß, erschien das Mädchen, das noch schöner als die Sonne war, am Fenster des Turmes und sprach zu ihm: „Ei, wie kommst du hierher, an diesen Ort, an den sich nicht einmal ein Vogel verirrt?"

„Meine Nase hat mir den Weg gewiesen", antwortete Dimitros. „Aber nun sage mir, wie ich zu dir in den Turm gelangen kann!"

„Du mußt von der Scheune heraufspringen, anders geht es nicht", sagte das Mädchen.

Da nahm Dimitros einen Anlauf und sprang zum Fenster hinein und küßte das Mädchen und bat es dann, es möge ihn ein wenig lausen, denn er sei schon lange von zu Hause fort. Weil er aber sehr müde war, legte er seinen Kopf in den Schoß des Mädchens und schlief ein. Das Mädchen fing an zu weinen. Es wußte, daß der Drake bald kommen würde, und die Tränen, die es vergoß, fielen auf die Wangen des Dimitros. Der erwachte und sprach: „Fürchte dich nicht, denn ich bin nur hierher gekommen, um mit dem Draken zu kämpfen."

Kaum hatte er das gesagt, da begann der Turm zu zittern und das Mädchen rief: „Ach, gleich wird es um uns beide geschehen sein."

Da hörten sie auch schon eine Stimme, die rief: „He, Elender, du hast meine Brüder getötet, aber jetzt geht es dir an den Kragen."

Dimitros fürchtete sich jedoch nicht. Er trat ans Fenster und sagte: „Laß mich nur noch ein Lied singen, dann will ich zu dir hinunterkommen."

Und als er sein Lied gesungen hatte, sprang er auf das Scheunendach und packte den Draken. Der stampfte aber Dimitros gleich bis an die Knie in die Stahlscheune ein, und darüber wurde Dimitros so zornig, daß er den Draken packte und ihn bis zum Bauch hineinstieß.

„Ach", rief das Mädchen vom Turm herab, „es wird uns noch beide das Leben kosten!"

Als Dimitros das hörte, nahm er alle seine Kräfte zusammen und stieß den Draken bis zum Hals in die Stahlscheune. Dann zog er sein Schwert und tötete ihn.

Nun konnte Dimitros sich endlich ausruhen. Er kehrte in den Turm zurück und lebte dort mit dem Mädchen glücklich und zufrieden.

In jener Gegend lebte aber auch ein Schäfer, und dem liefen eines Tages seine Lämmer davon. Bis auf die Wiese, auf der der Turm stand, liefen sie, denn weit und breit gab es sonst nirgends so fettes Gras. Der Schäfer geriet darüber in große Angst. Er fürchtete, daß der Drake seine Lämmer entdecken und sie fressen würde. Also lief er von Versteck zu Versteck und lockte die Lämmer, aber die hoben nicht einmal ihre Köpfe.

Als Dimitros den Schäfer entdeckte, rief er ihm zu: „Fürchte dich nicht! Ich habe den Draken getötet! Du kannst deine Lämmer ruhig auf der Wiese lassen, doch mußt du mir dafür täglich Milch und Butter bringen!"

Damit war der Schäfer einverstanden. In der Karwoche brachte er aber seine Schafe in die Stadt, um sie zu verkaufen. Und in dieser Stadt lebte der Vater des Mädchens, der ein König war. Als er sah, daß die Lämmer des Schäfers die fettesten und größten von allen waren, wunderte er sich sehr, da der Schäfer doch sonst nur die schlechtesten Lämmer hatte, und er stellte ihn zur Rede. Da erzählte der Schäfer ihm, daß ein junger Mann den Draken getötet habe und daß dieser junge Mann nun bei der Königstochter in dem Turm lebe, der auf der Wiese stehe, auf der seine Schafe geweidet hätten.

Als der König hörte, daß ein junger Mann bei seiner Tochter sei, wurde er zornig, und er befahl seinem Kriegsobersten, er solle hundert Soldaten gegen ihn aufbieten. Der schickte sogleich einen Hauptmann mit hundert Soldaten zu dem Turm. Als der Hauptmann dort ankam, rief er: „Wo bist du, der du den Draken erschlagen und die Königstochter zur Frau genommen hast? Komm herunter! Meine Soldaten sollen dich zum König geleiten!"

Dimitros trat ans Fenster und sagte: „Geht zum König zurück und sagt ihm, wenn er mich sprechen will, so soll er hierherkommen."

Da geriet der Hauptmann in große Wut.

„Höre, du Tagedieb", rief er. „Wenn du nicht freiwillig herunterkommst, so hole ich dich mit Gewalt!"

Jetzt wurde es aber dem Dimitros zu dumm. Er nahm sein Schwert, sprang von dem Turm auf die Scheune hinunter und tötete alle, bis auf einen. Zu dem sagte er: „Gehe zum König und sage ihm, wenn er noch andere Schafe zu scheren habe, so sollte er sie mir nur schicken."

Als der Soldat in die Stadt kam und dem König berichtete, was geschehen war, war der König außer sich vor Zorn, und er befahl seinem Kriegsobersten, selbst hinzugehen und den Dimitros zu holen. Dem Kriegsobersten erging es aber nicht anders als dem Hauptmann.

Nun mußte der König einsehen, daß er dem Dimitros auf diese Weise niemals beikommen würde. Darum ließ er im ganzen Land verkünden, daß derjenige, dem es gelänge, den Dimitros zu töten, seine Tochter zur Frau und das ganze Königreich dazu erhalten solle. Doch außer einem hinkenden Alten fand sich niemand, der es mit Dimitros aufnehmen wollte.

Der Alte versprach dem König aber, ihm seine Tochter zurückzubringen, und er machte sich auf den Weg zum Turm.

Als Dimitros den Alten kommen sah, sagte er zu seiner Frau. „Heute müssen wir uns trennen. Siehst du den hinkenden Alten dort? Er wird mich töten und dich dafür zur Frau erhalten."

Darauf nahm Dimitros sein Schwert, sprang auf die Scheune und von der Scheune auf den Boden und hieb den Alten mitten durch. Aus den beiden Hälften wurden aber sogleich zwei Alte, und als Dimitros auf diese einhieb, waren gleich vier da. Und so ging es fort. Dimitros kämpfte den ganzen Tag hindurch, doch am Abend wurde er so müde, daß er zu Boden stürzte. Da verschwanden seine vielen Gegner, und übrig blieb nur der hinkende Alte. Der tötete Dimitros, holte die Königstochter aus dem Turm und brachte sie zum König. Und der König gab seine Tochter, wie er es versprochen hatte, dem Alten zur Frau.

Lassen wir nun die Königstochter bei dem Alten und wenden wir uns der Mutter des Dimitros zu. Als diese die Saiten der Gitarre zerspringen sah, fing sie zu weinen und zu jammern an und machte sich auf den Weg, Dimitros zu suchen. Nach vielen Tagen kam sie zu dem ersten Drakenturm. Und als sie ihren Sohn dort nicht fand, ging sie weiter, bis sie zu dem zweiten kam. Aber auch dort fand sie ihn nicht. Endlich kam sie zu dem dritten Drakenturm. Dort sah sie ihren Sohn liegen. Und sie setzte sich neben ihn, um ihn zu beweinen.

Als der Schäfer ihre Totenklage hörte, kam er herbei und sprach: „Weine nicht, Mütterchen, dein Sohn ist noch am Leben!"

Dann holte er eine Flasche aus seiner Karre, und als er von dem Inhalt ein paar Tropfen auf Dimitros gesprengt hatte, stand dieser auf und rief: „Wie fest habe ich doch geschlafen! Und wie leicht bin ich aufgewacht!"

Wie er aber seine Mutter erblickte, fragte er: „Wo ist denn meine Frau?"

„Mein Sohn", antwortete die Mutter, „du hast doch gar keine Frau."

„Liebe Mutter", sagte Dimitros darauf, „gehe nach Hause zurück, denn ich habe eine Frau, und ich will sie suchen gehen."

Da machte sich die Mutter betrübt auf den Heimweg.

Dimitros ließ sich nun von dem Schäfer einen Umhang geben und ging in die Stadt. Dort hörte er in einem Kaffeehaus, wie die Gäste untereinander sprachen: „Ist es nicht schade um den tapferen jungen Mann, den der König hat töten lassen? Und ist es nicht auch schade um die Prinzessin, die der König dem gräßlichen Alten zur Frau gegeben hat?"

Und sie erzählten noch einmal den ganzen Hergang. Darauf ging Dimitros vor das Königsschloß und betrachtete es, wie Fremde es tun. Das sah eine arme alte Frau, und die fragte ihn: „Was suchst du, Söhnchen?"

„Ich suche eine Unterkunft", sagte Dimitros.

„Wenn du willst, so kannst du die Nacht in meinem Haus verbringen, es gibt darin jedoch kein Bett für dich."

Da gab Dimitros der Alten fünf Goldstücke, und die lief voller Freude hin, kaufte Kissen und Decken und begann zu kochen und zu braten. Bei Tisch brachte Dimitros die Rede auf die Königstochter.

„Morgen früh", sagte er zu der Alten, „sollst du zu ihr gehen und ihr sagen, daß ein fremder Mann sie zu sprechen wünsche. Sie möge daher, sobald die Sonne im Zenit steht, an das Tor kommen. Wenn du das zustande bringst, werde ich dich, so lange du lebst, wie meine Mutter halten."

Am anderen Morgen ging die Alte zu der Königstochter und sagte ihr, was Dimitros ihr aufgetragen hatte. Die Königstochter wunderte sich sehr und schickte die Alte hin, Dimitros zu holen. Als dieser kam, wußte sie nicht, was sie sagen sollte. Endlich forderte sie ihn auf, sich niederzusetzen und fragte ihn, was er wolle.

„Weißt du denn nicht, daß ich deinetwegen, wäre meine Mutter nicht gekommen und hätte der Schäfer mich nicht mit dem Wasser des Lebens besprengt, jetzt unter den Toten weilen würde?"

Da fiel die Prinzessin ihm um den Hals, küßte ihn und sprach: „Kehre in das Haus der alten Frau zurück und überlege, was zu tun ist, um uns den gräßlichen Alten vom Halse zu schaffen."

Dimitros ging also wieder, und als er sich im Haus der Alten eine Weile bedacht hatte, schickte er diese erneut zu der Königstochter und ließ ihr sagen, sie solle den Alten, wenn er abends ins Schloß käme, fragen, worin seine Stärke liege, und ihn am nächsten Morgen die Antwort wissen lassen.

Als der Alte am Abend in das Schloß kam, begann die Königstochter ihm zu schmeicheln, und dann fragte sie ihn, worin seine Stärke liege.

Da antwortete der Alte: ,,Auf dem Berg außerhalb der Stadt steht eine Scheune. Dorthin kommt jeden Tag zur Mittagszeit eine Schlange mit zehn Köpfen, zu der sich viele andere Schlangen gesellen, die einen Kreis um sie bilden. Wenn nun einer in den Kreis springt und die Schlange mit den zehn Köpfen tötet, so ist das auch mein Tod.''

Nachdem die Prinzessin dies gehört hatte, schien es ihr, als dauere die Nacht ein ganzes Jahr. Aber kaum war der Morgen angebrochen, da lief sie zum Haus der alten Frau und erzählte Dimitros, was sie von dem Alten erfahren hatte.

Darauf sprach Dimitros: ,,Sieh zu, daß der Alte heute im Schloß bleibt. Wenn er aber um die Mittagszeit zu klagen beginnt, daß ihm unwohl sei, dann verlasse ihn und sperre das Zimmer zu.''

Nun hielt es Dimitros keinen Augenblick mehr. Er ging vor die Stadt und stieg auf den Berg, und zur Mittagszeit sah er dort die Schlange mit den zehn Köpfen, wie sie in die Scheune kroch. Und als ihr viele andere Schlangen gefolgt waren, lief Dimitros hin und sprang über den Kreis, den sie gebildet hatten, und tötete die Schlange mit den zehn Köpfen auf einen Schlag.

Zur gleichen Zeit wurde es dem Alten im Schloß unwohl, und als die Königstochter das sah, lief sie aus dem Zimmer und sperrte die Tür zu.

Als Dimitros wieder in der Stadt angelangt war, ging er sogleich in das Schloß. Dort öffnete die Prinzessin das Zimmer, in das sie den Alten gesperrt hatte, und da sahen sie, daß er tot war.

,,Geh nun hin und sage deinem Vater, daß sein Schwiegersohn gekommen sei'', sagte Dimitros.

Die Prinzessin tat, was Dimitros ihr aufgetragen hatte. Und der König sträubte sich nicht länger. Er gab Dimitros seine Tochter zur Frau und nach der Hochzeit das ganze Königreich dazu.

Belohnte Treue

Es war einmal ein armer Mann, der hatte gerade so viel, um nicht zu verhungern und zu wenig, um das Öl für die Lampe, die er zu Ehren eines Heiligen aufgestellt hatte, zu kaufen. Da beschloß er, seinen Sohn an einen reichen Mann zu verkaufen. Und das tat er auch. Weil der Knabe nicht nur schön von Ansehen war, sondern auch gut von Herzen, gewann der Reiche ihn sehr lieb, und er beschloß, ihn seiner einzigen Tochter zum Mann zu geben, denn die Kinder waren einander so zugetan, daß keins eine Nuß aß, ohne sie mit dem anderen zu teilen.

Die Tochter des reichen Mannes wurde von Jahr zu Jahr schöner, und als sie eines Tages etwas im Haus eines mächtigen Mannes ausrichtete, nahm dieser sich vor, das Mädchen seinem Sohn zur Frau zu geben. Der Vater des Mädchens wollte den Antrag abweisen, doch seine Frau überredete ihn, ihm zuzustimmen, da sie in dem mächtigen Mann doch in Notzeiten gewiß eine Stütze hätten.

Als der Jüngling hörte, daß man seine Braut mit einem anderen verlobt habe, verließ er das Haus des Reichen, ging auf die Weide, zog sich alte Kleider an und mischte sich unter die Hirten, die die Schafe des Reichen täglich hinter dessen Haus trieben. Auf der Wiese stand ein großer Platanenbaum, unter den setzte der Jüngling sich und sah zu, wie die Blätter von den Zweigen fielen. Doch er hatte vergessen, auch sein Gesicht zu verändern, und so erkannte das Mädchen ihn. Nachdem sich das Mädchen eine Weile besonnen hatte, beugte es sich aus dem Fenster und rief: „He, Hirte, komm einmal herauf."

Der Jüngling gehorchte und ging in das Haus. Dort blieb er vor dem Teppich stehen.

„Komm, setze dich zu mir auf das Sofa", sagte das Mädchen.

Der Jüngling wies aber auf seine schmutzigen Sandalen und blieb, wo er war. Darauf reichte das Mädchen ihm einen Becher mit Wasser, in den es heimlich den Verlobungsring geworfen hatte, der ihr von dem Sohn des mächtigen Mannes zum Geschenk gemacht worden war. Der Jüngling weigerte sich aber auch, das Wasser zu trinken. Da wurde das Mädchen zornig und schickte ihn fort.

Am anderen Morgen kam der Jüngling wieder unter den Platanenbaum, und wieder rief ihn das Mädchen herauf.

„Gestern sind wir im Bösen auseinandergegangen", sprach es. „Aber heute sollst du deine Sandalen ausziehen und dich zu mir setzen."

Da zog der Jüngling seine Sandalen aus, setzte sich auf das Sofa und plauderte mit dem Mädchen. Dann füllte es erneut den Becher, in dem der Verlobungsring lag, mit Wasser, und als er sich wiederum weigerte, davon zu trinken, sprach es: „Damit du siehst, daß kein Gift in dem Wasser ist, will ich den Becher zuerst an den Mund setzen."

Danach trank es die Hälfte des Wassers aus und gab dem Jüngling die andere. Der leerte den Becher, und mit dem letzten Tropfen Wasser fiel ihm der Ring in den Mund. Er nahm ihn heraus und fragte, was das zu bedeuten habe. Das Mädchen gab ihm aber keine Antwort und schickte ihn fort.

Als der Jüngling wieder bei dem Baum war, band er den Ring an den Gürtel und trieb mit den Hirten die Schafe fort.

Am anderen Morgen ging das Mädchen zu seinen Eltern und sprach: „Ihr habt nur eine Tochter, und die wollt ihr einmal dem einen und danach dem anderen zur Frau geben. Jetzt ist es an mir, etwas zu verlangen. Geht zu dem Mächtigen und sagt ihm, er möge seinem Sohn tausend Silberstücke geben. Damit soll er zusammen mit dem Hirten, der von mir auch tausend Silberstücke erhalten wird, in die Welt ziehen. Wer das meiste Geld zurückbringt, der soll mich zur Frau bekommen."

Als die Eltern sahen, daß das Mädchen auf seinem Willen bestand, überredeten sie den mächtigen Mann, seinem Sohn das Geld zu geben, und das Mädchen ging hin und brachte dem Jüngling die gleiche Summe. So zog denn der Sohn des mächtigen Mannes zusammen mit dem Hirten in die Welt hinaus, und schon bald gelangten sie in eine große Stadt. Dort begann der Sohn des mächtigen Mannes ein flottes Leben. Sein Frühstück kostete dreißig, sein Mittagessen sechzig und sein Nachtmahl hundert Silberstükke. Nach einigen Tagen sprach der Hirte zu ihm: „Laß uns weiterziehen, damit wir sehen, wer von uns das meiste Geld zurückbringt."

Der andere dachte aber nicht daran, sich zu erheben. Er bestellte sich ein Frühstück für dreißig Silberstücke und erwiderte: „Gehe, wohin du willst und verdiene, soviel du vermagst. Ich habe mein Glück gefunden."

Da zog der Jüngling allein weiter, bis er auf einen Berg kam. Dort begegnete ihm ein alter Mann, und der fragte ihn, woher er käme und wohin er bei der Hitze wolle.

„Wie soll ich dir auf alles die rechte Antwort geben, wenn meine Kehle vor Durst am Austrocknen ist", erwiderte der Jüngling.

Darauf führte der Alte ihn zu einer nahen Quelle, und nachdem der Jüngling seinen Durst gelöscht hatte, erzählte er dem Alten, wie er zu dem reichen Mann gekommen und wie es ihm seither ergangen war.

„Und was ist von den tausend Silberstücken, die man dir mit auf den Weg gegeben hat, übriggeblieben?" fragte der Alte.

„Davon fehlt nicht eins“, erwiderte der Jüngling.

Da gab ihm der Alte weitere tausend und sagte zu ihm: „Folge diesem Weg. Er führt in eine Stadt. Wenn du dort angekommen bist, so frage nach dem Kaffeehaus, dessen Wirt einen Affen besitzt, den sollst du ihm abkaufen. Der Wirt wird dich fragen, ob du denn soviel Geld bei dir hast, um den Affen bezahlen zu können, für zweitausend Silberstücke würde er dir das Tier nämlich überlassen. Nun mußt du die Gäste, die in dem Kaffeehaus sind, als Zeugen dafür nehmen, daß der Handel abgeschlossen sei, und dem Mann die zweitausend Silberstücke geben. Wenn er sich weigert, sie anzunehmen, weil er den Affen nicht hergeben will, so mußt du vor Gericht gehen und ihn verklagen.“

Der Jüngling tat, was der Alte ihm geraten hatte. Er nahm die zweitausend Silberstücke, ging in die Stadt, fand dort das Kaffeehaus und schloß mit dem Wirt den Handel. Als der Wirt aber sah, daß es dem Jüngling ernst damit war, und daß er den Affen hergeben sollte, weigerte er sich. Da rief der Jüngling die anwesenden Gäste auf, ging vor Gericht und verklagte den Wirt. Und weil die Gäste den Handel bezeugten, mußte der Wirt den Affen hergeben. Der Jüngling bezahlte darauf die zweitausend Silberstücke, nahm den Affen und kehrte mit ihm zu dem Alten zurück.

Der Alte schlachtete den Affen, teilte ihn in zwei Hälften und sprach zu dem Jüngling: „Da das Tier uns beiden gehört, so erhältst du die eine und ich die andere Hälfte.“

Der Jüngling wollte seinen Teil jedoch nicht behalten. Er warf ihn weg und hielt dem Alten vor, daß er ihn um sein ganzes Geld gebracht habe. Der Alte lachte aber und führte ihn in seine Hütte. Dort gab er ihm zu essen und zu trinken, und während der Jüngling sich an der Mahlzeit gütlich tat, ging der Alte hin, nahm aus der Hälfte des Affen, die dem Jüngling gehörte, das Hirn und bereitete daraus eine Heilsalbe; die gab er dem Jüngling und sprach: „Mit dieser Salbe sollst du allen Blinden, denen du begegnest, die Augen bestreichen. Alles Geld, das du dafür bekommst, bringe hierher. Du darfst aber von niemandem etwas im voraus fordern, sondern mußt mit dem zufrieden sein, was man dir gibt.“

Da nahm der Jüngling die Salbe, stieg den Berg hinab und kam zu einer Meerenge. Dort fand er eine Fähre, auf der jeder, der auf die gegenüberliegende Insel wollte, für vier Kupferstücke hinüberfahren konnte. Der

Jüngling bedachte sich nicht lange und bestieg die Fähre, doch weil er kein Geld bei sich hatte, wollte der Fährmann ihn nicht auf die Insel gehen lassen, sondern ihn wieder mit zurücknehmen. Auf der Fähre war aber auch ein Blinder, zu dem ging der Jüngling und sagte: „Wenn du die Überfahrt für mich bezahlst, so will ich dich wieder sehend machen."

„Wenn dir das gelingt so will ich den Lohn bestimmen", antwortete der Blinde.

Da bestrich der Jüngling ihm die Augen mit der Salbe, und der Blinde konnte wieder sehen und war darüber so froh, daß er dem Jüngling fünfzig Silberstücke gab.

Den Jüngling drängte es nun nicht mehr, auf die Insel zu kommen. Er zahlte dem Fährmann acht Kupferstücke und zog darnach im Land herum und heilte alle Blinden, denen er begegnete, bis er tausend Silberstücke beisammen hatte.

Da hörte er in einer großen Stadt von einem sehr reichen Mann, der schon seit fünfundzwanzig Jahren blind sei, und dem die berühmtesten Ärzte bisher nicht hatten helfen können. Er ging also zum Haus des reichen Mannes und klopfte an die Tür. Als die Diener, die ihm öffneten, jedoch hörten, daß er gekommen sei, um ihren Herrn zu heilen, wollten sie ihn nicht hereinlassen, da die Ärzte, die den Reichen behandelten, verboten hätten, einen anderen hinzuzuziehen. Der Jüngling ließ sich aber nicht abweisen und blieb so lange vor dem Haus stehen bis die Diener ihn zu ihrem Herrn führten, und der faßte zu dem Jüngling solches Vertrauen, daß er ihm erlaubte, seine Augen mit der Salbe zu bestreichen.

Sechsmal bestrich der Jüngling die Augen des reichen Mannes, da konnte dieser wieder sehen, und nachdem er alles, was um ihn herum war, betrachtet hatte, sprach er zu dem Jüngling: „Du sollst fortan in meinem Haus leben, und nach meinem Tod meinen ganzen Besitz erben."

Der Jüngling antwortete aber, daß er in seiner Heimat eine Braut habe, und zu der wolle er zurückkehren.

Als der reiche Mann sah, daß er seinen Wohltäter nicht zurückhalten konnte, gab er ihm einen Sack voller Goldstücke und begleitete ihn ans Ufer des Meeres. Dort lagen sechzig Schiffe vor Anker, die alle dem Reichen gehörten, und der fragte den Jüngling nun: „Willst du, daß ich dir die Schiffe schenke?"

,,Wenn du mir eins gibst, so werde ich dir dafür ebenso danken, als wenn es alle sechzig wären'', antwortete der Jüngling.

Da gab der Reiche ihm dreißig Schiffe, und der Jüngling fuhr bis an den Fuß des Berges und ging dann hinauf zu dem Alten. Der fragte ihn gleich, was er für die Salbe erlöst habe.

,,Ich habe dafür tausend Silberstücke, einen Sack voller Goldstücke und dreißig Schiffe bekommen'', antwortete der Jüngling. ,,Und da du die Salbe bereitest hast, soll die Hälfte von allem, was ich besitze, dir gehören. Doch nun komm mit mir zu meiner Braut.''

Da ging der Alte mit dem Jüngling, und zusammen stiegen sie auf eins der Schiffe und begaben sich in die Stadt, in der der Jüngling den Sohn des mächtigen Mannes zurückgelassen hatte. Der hatte dort weiter ein lustiges Leben geführt, und als die Bäcker, Fleischer, Wirte und Handwerker hörten, daß sein Gefährte gekommen sei, ihn abzuholen, liefen sie alle zusammen und verlangten von dem Jüngling, daß er die Schulden des anderen bezahle. Ihre Forderungen betrugen mehr als fünfzigtausend Silberstücke.

Nachdem der Jüngling sich mit dem Alten beraten hatte, sagte er zu dem Sohn des mächtigen Mannes: ,,Wenn du dir mein Siegel auf die Stirn brennen läßt, so will ich alles bezahlen.''

Der andere war damit einverstanden. Als aber alle Schulden bezahlt waren und der Jüngling sein Siegel über das Feuer hielt, bat der Sohn des mächtigen Mannes ihn, ihm eine solche Schande nicht anzutun, sondern sich damit zu begnügen, ihm das Siegel auf seinen rechten Arm zu drücken. Der Jüngling hatte Mitleid mit ihm und drückte das Siegel auf seinen rechten Arm. Danach verließen sie die Stadt.

Während der Jüngling mit dem Alten auf dem Schiff in seine Heimatstadt fuhr, ritt der andere, so schnell er es vermochte, in das Haus seines Vaters. Von dort schickte er einen Boten mit einem Brief in das Haus der Braut. In dem Brief stand, daß der Hirte die tausend Silberstücke in Saus und Braus verbracht habe und bald darauf gestorben sei. Er selbst werde in drei Tagen kommen. Dann ließ er alles für die Hochzeit vorbereiten, und am Abend des zweiten Tages machte er sich mit fünfzig Reitern auf, seine Braut zu holen. Am Morgen des dritten Tages gelangte er in der Stadt an. Zu gleicher Zeit gingen dort aber auch die dreißig Schiffe vor Anker, und als der Vater der Braut davon vernahm, lud er die Besitzer zu einem Gastmahl ein. Das kam dem Jüngling gerade recht. Er kaufte dem Alten neue Kleider und verkleidete sich selbst so, daß ihn niemand erkannte.

Als nun das Gastmahl beendet war, und der Sohn des mächtigen Mannes mit der Braut aufbrechen wollte, da küßte der Jüngling, wie es Sitte war, allen zum Abschied die Hand. Er hatte jedoch zuvor den Verlobungsring, den er die ganze Zeit bei sich getragen hatte, an den Finger gesteckt, und als die Braut den Ring erkannte, verlangte sie, noch einmal zu ihren Eltern gehen zu dürfen.

Der Sohn des reichen Mannes wollte keine Verzögerung mehr hinnehmen und es ihr nicht erlauben, doch sie kehrte sich nicht an seine Worte, ging zu ihren Eltern und sagte ihnen, daß der Hirte nicht gestorben sei, und daß keiner das Haus verlassen solle, bevor nicht untersucht worden sei, welcher der beiden Freier das meiste Geld zurückgebracht habe.

Da ging der Vater des Mädchens zu dem Jüngling, und der gab sich zu erkennen und erzählte, wie es ihm ergangen sei, wieviel Geld er zurückgebracht habe, wie er die Schulden des anderen bezahlt und ihm dafür sein Siegel auf den rechten Arm gedrückt habe. Als man nun sah, daß der Jüngling die Wahrheit gesprochen hatte, wurde der andere aus dem Haus gejagt.

Darauf hielt der Jüngling Hochzeit mit der Braut, die ihm in der Kindheit versprochen war.

Am anderen Morgen nahm ihn der Alte beiseite und sprach: „Ich habe deine Treue erproben wollen, du hast die Probe bestanden. Wisse, ich habe dich, seit dein Vater dich hergab, um Öl für die Lampe kaufen zu können, die er mir zu Ehren aufgestellt hatte, unter meinen Schutz genommen. Von jetzt an wirst du ohne mich auskommen."

Mit diesen Worten verschwand der Alte. Und so blieb der Jüngling im Besitz der dreißig Schiffe und des ganzen Geldes, das ihm die Salbe des Alten eingebracht hatte.

Recht oder Unrecht

Es waren einmal zwei Brüder, die stritten miteinander, was die Welt regiere, das Recht oder das Unrecht. Der jüngere Bruder behauptete, daß das Recht, und der ältere behauptete, daß das Unrecht die Welt regiere. Schließlich sprach der Ältere zu dem Jüngeren: „Wir wollen eine Wette abschließen, und der Erzbischof soll entscheiden. Wenn er sagt, daß das

Recht regiert, so darf ich dir die Augen ausstechen, wenn er aber sagt, daß das Unrecht regiert, so darsfst du mir die Augen austechen.“

Der Jüngere nahm die Wette an, und sie machten sich auf, um den Erzbischof zu fragen. Unterwegs begegneten sie einem alten Mann, zu dem sagte der ältere Bruder: „Höre, Alter, ich will dich etwas fragen.“

Und der alte Mann sagte: „Wenn du mich fragst, so will ich dir antworten.“

Da fragte der ältere Bruder: „Was regiert die Welt, das Recht oder das Unrecht?“

„Das Unrecht, mein Sohn“, sprach der Alte.

„Hast du es gehört, Kleiner?“ fragte der ältere Bruder. „Nun mußt du dir von mir die Augen ausstechen lassen.“

Der Jüngere aber antwortete: „Es war ausgemacht, daß der Erzbischof und nicht dieser Alte entscheiden solle.“

Sie gingen also weiter und begegneten einem Mönch, zu dem sprach der ältere Bruder: „Höre, Mönch, ich will dich etwas fragen.“

Und der Mönch sagte: „Wenn du mich fragst, so will ich dir antworten.“

Da fragte der ältere Bruder: „Was regiert die Welt, das Recht oder das Unrecht?“

„Das Unrecht, mein Sohn“, sprach der Mönch.

Da da rief der Ältere: „Hast du es gehört, Kleiner? Nun mußt du dir von mir die Augen ausstechen lassen.“

Der Jüngere aber antwortete: „Es war ausgemacht, daß der Erzbischof und nicht dieser Mönch entscheiden solle.“

Sie gingen also weiter und kamen zum Erzbischof. Sie fragten ihn: „Was regiert die Welt, o Herr. Ist es das Recht oder das Unrecht?“

„„Das Unrecht“, antwortete der Erzbischof, und als sie sich wieder entfernt hatten, sagte der ältere zu dem jüngeren Bruder: „Nun halt still, damit ich dir die Augen ausstechen kann.“

Der Jüngere aber sagte: „Wir wollen zu einem Brunnen gehen, damit ich nachher dort sitzen und von den Leuten Brot betteln kann.“

Da gingen sie zu einem Brunnen, bei dem eine große Platane stand, und dort stach der ältere dem jüngeren Bruder die Augen aus und ging dann seiner Wege.

Als nun der Jüngere eine Zeitlang unter der Platane gesessen hatte, wurde er sehr hungrig und so sprach er bei sich: ‚Ehe ich Hungers sterbe, will ich lieber auf den Baum steigen und von den Blättern essen.‘

Während er aber auf dem Baum saß und von dessen Blättern aß, wurde es Nacht. Da versammelten sich unter dem Baum eine Menge Teufel, und der älteste Teufel fragte den jüngsten: „Was hast du am heutigen Tage vollbracht?“

„Ich habe zwei Brüder gegeneinander aufgehetzt, von denen der eine behauptete, daß das Unrecht, der andere aber behauptete, daß das Recht die Welt regiere, und den älteren habe ich so böse gemacht, daß er dem jüngeren die Augen ausgestochen hat.“

Darauf fragte der alte Teufel den zweitjüngsten Teufel: „Und was hast du vollbracht?“

Der zweitjüngste Teufel antwortete: „Ich habe zwei andere Brüder gegeneinander aufgehetzt. Nun streiten sie sich um einen Weinstock, der beiden gehört. Morgen werden sie sich mit der Axt, die bei dem Weinstock liegt, die Köpfe einschlagen.“

Darauf fragte der alte den dritten Teufel, was er vollbracht habe, und der antwortete: „Ich habe der Königin die Sinne verwirrt. Es wird nicht mehr lange dauern, bis sie sterben muß.“

Da kam die Reihe an den vierten Teufel, der war lahm, und als der Alte ihn nach seinem Tagewerk fragte, antwortete er: „Ich habe nichts getan.“

Das hätte er aber nicht antworten sollen. Die anderen packten und schlugen ihn, und darüber wurde er so erbost, daß er ausrief: „Ich wollte, daß der Mann, der seine Augen verloren hat, hierher käme und von der Asche, die ich ausgestreut habe, nähme und mit ihr und dem Wasser des Brunnens seine Augen wüsche, damit er wieder sehend würde. Ich wollte, daß die streitenden Brüder die Axt nähmen und mit ihr den Weinstock umhauen würden. Ich wollte, daß die Königin herkäme und von dem Wasser des Brunnens tränke, damit sich ihre Sinne wieder entwirren und sie am Leben bleibt.“

Da krähte der weiße Hahn, und die Teufel wurden unruhig. Und als der schwarze Hahn krähte, und es zu tagen begann, gingen sie eilig auseinander.

Der Blinde aber stieg vom Baum herab, suchte nach der Asche, rieb sich damit und mit dem Wasser des Brunnens die Augen und wurde wieder sehend.

Darauf füllte er seine Kürbisflasche mit dem Brunnenwasser und ging zu dem Weinstock, um den die beiden Brüder stritten, nahm die Axt und hieb ihn um. Dann ging er zu den Brüdern und fragte sie, worüber sie miteinander stritten.

Die Brüder antworteten: „Wir haben einen Weinstock, den jeder für sich allein besitzen will."

Als sie aber hörten, daß der Weinstock umgehauen sei, riefen sie: „Der Himmel möge es dir lohnen!"

Und von nun an lebten die beiden Brüder wieder in Eintracht zusammen.

Der junge Mann aber ging weiter zum Königsschloß und klopfte an das Tor. Die Diener des Königs wollten ihn nicht einlassen. Er zankte jedoch so lange mit ihnen, bis der König den Lärm hörte und den Dienern befahl, das Tor zu öffnen.

„Du sagst, du besitzt ein Mittel, das der Königin helfen könnte?" fragte der König.

„So ist es, o König", antwortete der junge Mann.

Dann ließ er sich ein Glas bringen, füllte es mit dem Wasser aus seiner Kürbisflasche und setzte es der Königin an den Mund. Und kaum hatte diese von dem Wasser getrunken, da erhellte sich ihr Blick, und sie war wieder gesund.

Der König war darüber so erfreut, daß er den jungen Mann mit kostbaren Geschenken überhäufte und ihn fragte, ob er überdies noch einen Wunsch habe.

„Meine Heimat ist nur ein armes Fleckchen Erde", antwortete der junge Mann. „Ich wünschte, daß darauf ein schönes Dorf entsteht."

Da gab ihm der König drei Säcke voller Goldstücke und sagte: „Nimm dieses Gold und baue davon ein Dorf, wie du es dir wünschst."

Der junge Mann begab sich in seine Heimat zurück, und nach einer Weile kam auch sein älterer Bruder dort an und fragte seine Frau: „Wem gehören alle diese schönen neuen Häuser?"

„Sie gehören deinem Bruder", antwortete die Frau.

Da rief der ältere Bruder: ,,Das kann nicht sein! Ich habe ihn doch blind neben einem Brunnen zurückgelassen!"

Und er lief in das Haus seines Bruders. Sein Bruder empfing ihn sehr freundlich, er wies ihm den Ehrenplatz zu und setzte ihm Kaffee und Süßigkeiten vor.

,,Sag mir doch", bat der ältere Bruder, ,,wie du es angefangen hast, daß du wieder sehend wurdest und wie du zu dem vielen Geld gekommen bist."

Der Jüngere antwortete: ,,Ich habe dir doch gesagt, daß das Recht die Welt regiert."

Kaum aber hatte er das gesagt, da stürzte sein Bruder zu Boden und war tot.

Von der neuen Kirche und der Nachtigall

Es war einmal ein König, der hatte drei Söhne, die beschlossen eines Tages, eine große Kirche zu bauen. Als nun die Kirche fertig war, ließ der König durch seine Herolde das ganze Volk einladen, hinzugehen und die Kirche zu betrachten und danach zu sagen, was darin noch fehle. Da strömten von allen Seiten die Leute herbei, und alle bestaunten das herrliche Bauwerk, aber keiner wußte zu sagen, was noch fehle.

Endlich kam ein junger Mann, und der sagte: „Die Kirche ist freilich sehr schön, aber es fehlt darin die Nachtigall, die an der Kanzel hängen und schlagen sollte, wenn der Priester das Evangelium liest."

Als das die drei Brüder hörten, beschlossen sie, nach der Nachtigall zu suchen. Sie sattelten also ihre Pferde und ritten eine ganze Weile miteinander, bis sie an einen Ort kamen, an dem sich der Weg teilte. Dort stand eine Säule, auf der geschrieben war: ‚Wer diesen Weg geht, kann davonkommen, wer jenen Weg geht, muß umkommen, und wer den dritten Weg geht, der wird ganz gewiß nicht wiederkommen.'

Nachdem sie sich miteinander beraten hatten, sagte der Jüngste: „Wir wollen unsere Ringe unter die Säule legen, und wer von uns früher als die anderen wiederkommt, soll hier warten."

Darauf nahm der Älteste den ersten, der Mittlere den zweiten und der Jüngste den dritten Weg.

Der Jüngste kam, als es Nacht wurde, zu einer Höhle und blieb darin drei Tage. Da sah er jeden Morgen, wie eine Viper zu dem nahe gelegenen Teich kam und von dem Wasser trank. Ihre Augen waren aber so vom Schmutz verklebt, daß sie nichts sehen konnte. Der Prinz hatte Mitleid mit dem Tier, und so ging er am vierten Morgen hin, wusch ihr die Augen aus und eilte, ehe sie ihn erblickt hatte, in die Höhle zurück.

Da rief die Viper: „Ach, wenn ich wüßte, wer mir diese Wohltat erwiesen hat! Ich wollte ihm alles gewähren, was er sich wünscht!"

Nun kam der Prinz hervor, und er verlangte von der Viper keinen anderen Lohn, als daß sie ihm sagen sollte, wo er eine Nachtigall finden könne.

Darauf sprach die Viper: „Eine Tagereise nach Osten wirst du einen ganz mit Krätze bedeckten Feigenbaum finden, von dem mußt du eine Feige pflücken, und während du sie ißt, mußt du sagen: ‚Ach, was sind das für gute Feigen, wenn es solche doch auch in meiner Heimat geben würde.' Dann wird der Feigenbaum dich nicht anstecken. Ein gutes Stück weiter wirst du an einen Fluß kommen, dessen Wasser ganz abscheulich stinkt. Dort mußt du ein wenig trinken und sagen: ‚Ach, was ist das für ein gutes Wasser, wenn es solches doch auch in meiner Heimat geben würde.' Nicht lange danach wirst du einem Draken mit weit aufgerissenem Rachen begegnen. Wenn dein Pferd über ihn hinwegspringt, so wirst auch du ihm entgehen. Danach kommst du zu einem Schloß, das von drei Draken, drei Affen und vier Schlangen bewacht wird. Sie mußt du töten, um die Nachtigall, die im Schloß gefangen gehalten wird, zu erlangen."

Der Prinz befolgte die Weisungen der Viper, und als er die Nachtigall in seinen Besitz gebracht hatte, machte er sich auf, seine Brüder zu suchen. Er fand sie und befreite sie aus dem Elend, in das sie geraten waren. Die Brüder wurden aber so neidisch auf sein Glück, daß sie beschlossen, ihn zu verderben.

Als sie nun bei einem Brunnen haltmachten, um ein wenig zu essen und zu trinken, stießen sie den Jüngsten hinein, nahmen die Nachtigall, kehrten damit zu ihrem Vater zurück und erzählten ihm, daß der Jüngste unterwegs gestorben sei.

Das Pferd des Jüngsten war aber ein überaus treues Tier. Es wich nicht von dem Brunnen, sah unentwegt hinein und wieherte dabei. Bald darauf zogen ein paar Kaufleute des Weges, und als diese das Pferd sahen, gingen sie hin und entdeckten den Prinzen in dem Brunnen. Sie zogen ihn heraus, und der Prinz kehrte zu seinem Vater zurück und erzählte ihm, wie treulos seine Brüder an ihm gehandelt hätten. Der König geriet darüber in einen solchen Zorn, daß er alle beide aus dem Lande jagen ließ.

Bald nachdem der Prinz die Nachtigall geholt hatte, kehrte die Herrin des Schlosses von einer Reise zurück, und wie sie sah, daß die Nachtigall nicht mehr da war und ihre Wächter erschlagen waren, lief sie hinaus und rief: „He, Fluß! Warum hast du den Räuber nicht ertränkt?"

„Er hat mein Wasser gelobt, das alle Welt verachtet. Warum hätte ich ihn da ertränken sollen?" antwortete der Fluß.

Darauf lief die Prinzessin zu dem Feigenbaum und rief: „He, Feigenbaum! Warum hast du auf den, der mir die Nachtigall geraubt hat, nicht deine Krätze geworfen?"

„Er hat sich überaus höflich betragen, warum hätte ich ihm da schaden sollen?" antwortete der Feigenbaum.

Darauf nahm die Prinzessin den Fluß und den Feigenbaum und eilte damit in das Schloß, in dem der Prinz lebte, um ihn zu vernichten. Aber der Prinz überwand die Prinzessin und nahm sie zur Frau und lebte mit ihr herrlich und in Freuden.

Der kluge Schäfer

Es war einmal ein Königssohn, der wollte sehen, wie es in seinem Reich zuging. Als er dazu die Erlaubnis von seinem Vater erhalten hatte, zog er, von dem Siegelbewahrer und anderen Großen des Reiches begleitet, in Derwischkleidern durch Städte und Dörfer und fragte die Leute, wie es ihnen ginge. Eines Tages kamen sie an einer Schäferei vorüber. Dort wurden gerade die Schafe gemolken.

„Laßt uns hingehen und von der Milch trinken und die Schäfer fragen, über was sie zu klagen haben“, sagte der Königssohn zu seinen Begleitern.

Aber kaum waren sie von den Pferden abgestiegen, da stürzten ihnen die Hunde entgegen und bellten sie an, bis die Schäfer herbeikamen und sie zurückriefen.

Nun begaben sich der Königssohn und seine Begleiter in die Schäferei und fragten die Schäfer, wie es ihnen gehe.

„Ganz gut“, antwortete der Oberschäfer, „wir haben nichts zu klagen.“

Als alle Schafe gemolken und die Milch gekocht war, setzten die Schäfer sich zum Essen und luden auch die Fremden dazu ein. Der Königssohn bekam den Platz neben dem Oberschäfer, und der legte ihm alles Brot, das er schnitt, vor, bis der Königssohn zu lachen begann und rief: „Was soll denn das? Gib doch auch den anderen etwas von dem Brot.“

Da gab ihm der Oberschäfer eine Ohrfeige und sprach: „In eine Speise, die ein Fremder kocht, sollst du kein Salz werfen, und in einem fremden Haus sollst du nicht befehlen!“

Der Königssohn steckte die Ohrfeige ein, ohne etwas zu erwidern. Als aber alles abgegessen und ausgetrunken war, gab er sich dem Oberschäfer zu erkennen und sagte: „Ich bin der Sohn des Königs. Für die Gastfreundschaft, die du mir und meinen Begleitern erwiesen hast, will ich dir einen Brief hierlassen. Wenn du einmal in Not geraten solltest, so komme damit zu mir, und ich werde dir helfen.“

Als der Oberschäfer das hörte, erschrak er, und er sprach zu dem Königssohn: „Verzeih mir, ich wußte ja nicht, wer du bist.“

„Laß es gut sein“, antwortete der Königssohn, „es ist mir ganz recht geschehen. Was hatte ich auch an einem fremden Tisch zu befehlen?“

Darauf schrieb er den Brief und ließ vom Siegelbewahrer das königliche Siegel daruntersetzen. Und als er Abschied genommen hatte, sprach er zu dem Oberschäfer. „Wenn du also etwas nötig hast, so komme in die Hauptstadt und gib diesen Brief im Schloß ab. Man wird dich dann gleich zu mir führen.“

Nach einiger Zeit wurde der Oberschäfer mit anderen Schäfern über einen Weideplatz uneinig, und dabei zog der Oberschäfer den kürzeren. Da erinnerte er sich an den Brief. Er steckte ihn ein und ging damit in die Hauptstadt und dort geradewegs ins Schloß. Als man da den Brief mit dem Siegel darunter sah, führte man ihn gleich vor den Königssohn. Der hörte sich die Klage an und sprach: „Oh, das ist eine Kleinigkeit, das will ich schon in Ordnung bringen. Doch jetzt komm her und iß mit mir."

Zu dem Siegelbewahrer aber sagte er heimlich: „Du sollst auch mit essen, denn nun habe ich Gelegenheit, ihm seine Ohrfeige zurückzugeben."

Der Schäfer wollte sich anfangs nicht zu dem Königssohn setzen. Er sagte: „Solche Ehre kommt mir nicht zu."

Der Königssohn ließ ihn jedoch nicht gehen, und so lehnte der Schäfer seinen Stab an die Wand, stieg mit seinen Sandalen auf den Diwan und setzte sich mit gekreuzten Beinen neben den Königssohn. Der fing gleich an, das Brot zu schneiden und schob alles vor den Oberschäfer hin. Der Oberschäfer ließ ihn gewähren, ohne dabei eine Miene zu verziehen.

Da sprach der Siegelbewahrer zu ihm: „Warum wehrst du dich nicht dagegen, daß man alles Brot dir zuschiebt?"

„Habe ich denn an einem fremden Tisch zu befehlen?" antwortete der Oberschäfer.

Da lachte der Königssohn und sprach: „Ich sehe, daß ich dir die Ohrfeige nicht zurückgeben kann, denn gewiß würdest du jedesmal die rechte Antwort wissen."

Wie sie nun über dies und das sprachen, erfuhr der Oberschäfer, daß der Königssohn in den Krieg ziehen sollte. Da bat er, man möge dem König sagen, daß er auch ihn in den Krieg schicken solle.

„Ach, was könntest du schon ausrichten? Du verstehst doch das Kriegshandwerk nicht", antwortete der Königssohn.

Doch der Schäfer ließ sich nicht abweisen.

„Gehe zum König", sagte er, „und richte ihm aus, daß ich meinen Kopf verlieren will, wenn ich den Krieg nicht gewinnen werde."

Da ging der Königssohn zu seinem Vater, und wie der alles vernommen hatte, sprach er: „Weil du für ihn bittest, mag der Schäfer also in den Krieg ziehen. Er wird uns aber gewiß nicht nützlich sein."

Als der Königssohn dem Oberschäfer die Antwort des Königs überbracht hatte, verlangte dieser nun vier Männer, fünfzig Hammel und hundert Kerzen. Damit zog er noch am selben Tag in die Nähe der feindlichen Stadt. Dort ließ er um Mitternacht an die Hörner jedes Hammels zwei brennende Kerzen binden. Dann trieb er die Tiere vor die Mauern der Stadt.

Da glaubten die Leute in der Stadt, daß ein großes Heer angerückt sei, und man schickte zwei hinaus, um den Frieden auszuhandeln. Der Oberschäfer ließ sich jedoch auf keine langen Reden ein. Er verlangte, daß man ihm den Schlüssel der Stadt bringe, und als er diesen in seinen Händen hielt, eilte er damit zum König. Der freute sich über alle Maßen und fragte den Schäfer, welchen Wunsch er ihm erfüllen solle.

Der Schäfer erwiderte, daß er darum bitte, ihm die strittige Weide zuzusprechen, um derentwillen er in die Hauptstadt gekommen sei.

Da sagte der König: „Sei doch kein Narr, bleibe bei uns. Hier wirst du allezeit gut zu essen und zu trinken haben und in hohen Ehren gehalten werden."

„Nein", sagte der Schäfer darauf, „ein solches Leben würde mir nicht gefallen."

Dem König blieb also nichts anderes zu tun, als dem Schäfer den Wunsch zu erfüllen und ihm die strittige Weide in einem Schreiben, unter das der Siegelbewahrer das königliche Siegel drückte, zuzusprechen. Damit kehrte der Schäfer dann zu seinen Schafen zurück. Und fortan lebte er glücklich und zufrieden, ohne jemals wieder ins Schloß zu gehen.

Das Ziegenkind

Es waren einmal ein Bauer und eine Bäuerin, die hatten keine Kinder, und darüber waren sie sehr betrübt. Eines Tages rief die Frau aus: „Wenn mir Gott doch ein Kind schenken würde, und wäre es auch nur ein Zicklein!"

Und ihr Wunsch erfüllte sich. Als das Zicklein herangewachsen war, sprach die Mutter eines Morgens: „Wenn ich nur jemand hätte, der dem Vater einen Krug Wasser auf den Acker brächte!"

„Hast du nicht mich?“ fragte die Ziege. „Binde mir den Krug an die Hörner, und ich will ihn dem Vater bringen.“

Die Mutter band der Ziege also den Krug an die Hörner, und die trug ihn zu ihrem Vater auf den Acker. Auf dem Rückweg kam sie an ein sonniges Plätzchen, da legte sie sich hin, zog ihr Fell ab und strich es glatt.

Als sie so dasaß, kam ein Prinz durch den Wald, und der erblickte das schöne Mädchen mit dem Ziegenfell in den Händen. Wie er sich ihm aber nähern wollte, schlüpfte es schnell in das Fell und lief nach Hause.

Der Prinz schickte ihm einen seiner Begleiter nach. Und als er erfahren hatte, wohin die Ziege gelaufen war, sagte er zu seiner Mutter, sie solle die Brautwerber in das und das Haus schicken, denn er wolle die Ziege, die darin lebe, zur Frau nehmen.

Die Mutter fing an zu weinen, und endlich rief sie: „Wenn du dich schon verheiraten willst, so nimm doch eine Prinzessin und keine Ziege!“

Doch der Prinz sagte: „Ich will die Ziege und sonst keine!“

Wie nun die Mutter sah, daß ihr Sohn sich nicht von seinem Wunsch abbringen ließ, schickte sie zwei Brautwerber hin, die bei der Bäuerin um die Ziege anhalten sollten. Die Bäuerin ließ die Brautwerber aber gar nicht erst ausreden, sondern ergriff einen Stock und schlug damit auf sie los.

„Das habt ihr für den Spott, den ihr mit mir treibt!“ rief sie erzürnt. „Ihr wißt doch, daß ich keine Tochter habe, sondern nur dieses Tier, das mir Gott zum Trost geschenkt hat. Und eine Ziege ist gewiß keine Frau für einen Königssohn!“

Die Brautwerber liefen in das Schloß zurück und erzählten, wie es ihnen ergangen war. Da bat der Prinz seine Mutter, selbst in das Haus zu gehen, und das mußte sie wohl oder übel tun, denn der Prinz hatte schon den fünften Tag nichts mehr gegessen.

Die Königin ging also zu der Mutter der Ziege und sagte ihr, sie müsse das Tier hergeben, denn so und so stünde es mit ihrem Sohn. Und weil die Bäuerin nicht wollte, daß der Prinz am Ende noch Hungers sterben müßte, gab sie der Königin die Ziege, und die brachte sie zu ihrem Sohn. Als dieser die Ziege erblickte, sprang er auf, herzte und küßte sie und fing auch wieder zu essen an.

Die Ziege aber war munter und lustig, trieb allerlei Kurzweil und richtete auch manchen Schaden an.

Eines Tages machte die Königin einen Blätterkuchen, und die Ziege lief hin und zerriß die Teigblätter mit ihren Hörnern. Dafür gab die Königin ihr eins mit dem Wellholz. Den anderen Tag trug der Bäcker den Brotteig in den Ofen. Da lief ihm die Ziege nach und verdarb mit ihren Hörnern den Teig. Dafür gab der Bäcker ihr eins mit dem Schüreisen.

Um diese Zeit verheiratete sich der Vetter der Königin, und der lud seine Verwandten zur Hochzeit ein. Als nun alle fertig waren, banden sie die Ziege an einen Feigenbaum. Kaum aber waren sie fort, da schlüpfte die Ziege aus ihrem Fell, zog sich goldene Kleider an, ging auch auf die Hochzeit und setzte sich neben die Königin. Als diese sah, wie schön die Fremde war, sprach sie bei sich: ‚Ach, wenn mein Sohn doch auch eine so schöne Frau hätte.' Und dann fragte sie: „Woher bist du, mein Kind?"

„Vom Wellholz", antwortete die Schöne.

Als sie nun auf den Tanzplatz gingen, erblickte sie dort der Prinz, und der erkannte sie und tanzte nur mit ihr. Um dem Prinzen aber zur rechten Zeit wieder zu entkommen, warf die Schöne einen goldenen Apfel unter die Leute, um sie durcheinanderzubringen. Dann lief sie nach Hause und schlüpfte in ihr Ziegenfell.

Als die Königin mit ihrem Sohn im Schloß angelangt war, fragte sie: „Hast du die schöne Fremde gefragt, woher sie ist?"

„Nein", antwortete der Prinz, „ich habe sie nicht gefragt."

„Ach", sagte die Königin, „mir hat sie den Ort genannt, aber ich habe ihn vergessen."

„Wenn sie morgen kommt, frage sie noch einmal", sagte der Prinz.

Die Königin versprach es, und als sie am anderen Tag wieder auf der Hochzeit waren, erschien auch die Schöne und setzte sich, wie tags zuvor, neben die Königin. Da fragte diese: „Woher bist du, mein Kind?"

„Vom Schüreisen!" antwortete die Schöne.

Und dann ging sie hinunter und tanzte. Als sie aber meinte, daß damit genug Zeit vergangen war, warf sie wieder einen goldenen Apfel unter die Leute und lief fort, um in ihr Ziegenfell zu schlüpfen. Und als die Königin und der Prinz zum Schloß zurückkehrten, fanden sie die Ziege unter dem Feigenbaum liegen, an den sie angebunden war.

Die Königin aber fragte ihren Sohn wieder: „Hast du die Schöne gefragt, woher sie ist?"

Und der Prinz antwortete: „Nein, ich habe sie nicht gefragt."

„Ach", sagte die Königin, „mir hat sie den Ort genannt, aber ich habe ihn auch diesmal vergessen."

In der folgenden Nacht tat der Prinz kein Auge zu, und am anderen Morgen ging er hin und sagte zum Bäcker: „Heize deinen Ofen, bis er glühend ist, schiebe jedoch kein Brot hinein."

Dann ging er zu seiner Mutter und sagte: „Geh nur schon zur Hochzeit, ich werde nachkommen."

Die Königin ging also ohne den Prinzen, und dieser versteckte sich, um zu sehen, was die Ziege machen werde. Da sah er, wie sie ihr Fell abwarf und auch zur Hochzeit ging.

Der Prinz ließ noch eine Weile vergehen. Dann kam er aus seinem Versteck hervor, nahm das Fell und warf es in den Ofen. Der Geruch von dem brennenden Fell drang aber bis zum Hochzeitshaus und dort in den Saal, in dem das schöne Mädchen tanzte. Da schlüpfte es hinaus und lief zu dem Ofen, und als sie dort angekommen war, wollte es sich hineinstürzen. Doch der Prinz sprang hinzu, hielt es zurück und sprach: „Der Backofen ist nichts für dich!"

Darauf trug er das Mädchen auf seinen Armen in sein Gemach und blieb bei ihm.

Nach einiger Zeit schickte die Mutter eine Dienerin nach dem Sohn, die fragte ihn: „Warum kommst du nicht zur Hochzeit?"

„Mir ist nicht gut", erwiderte der Prinz, „aber sage der Mutter, sie solle sich keine Sorgen machen, ich würde am Abend kommen, sie abzuholen."

Die Königin wartete jedoch vergebens auf ihren Sohn. Und als sie nach Hause kam, fragte sie: „Warum bist du nicht gekommen?"

Da gab der Prinz ihr den Schlüssel zu seinem Gemach und sagte: „Mir ist nicht gut. Ich habe Durst. Geh und hole mir meinen Trinkbecher."

Die Königin nahm den Schlüssel und öffnete die Tür zu dem Gemach ihres Sohnes. Als sie aber das Mädchen darin sah, schrak sie zurück, denn sie glaubte, daß es ein Geist sei.

Doch der Prinz lachte, nahm sie bei der Hand und sagte: „Sieh nur recht hin, Mutter!" Und als das Mädchen aufstand und der Königin die Hand küßte, fuhr er fort: „Sieh doch, es ist die Ziege!"

Da umarmte und küßte die Königin das Mädchen, und nach einer Weile fragte sie: „Warum hast du dich so lange versteckt?"

Als das Mädchen darauf keine Antwort wußte, fragte die Königin nicht weiter. Sie richtete die Hochzeit aus und lud alle Könige von weit und breit dazu ein. Auch nach dem Vater und der Mutter des Mädchens schickte sie. Die fürchteten aber, daß man ihnen etwas antun wolle, und versteckten sich.

Als der König hörte, warum die Eltern nicht zur Hochzeit kommen wollten, ließ er ihnen neue Kleider machen und ging selbst hin und brachte sie ihnen und führte sie ins Schloß. Das Mädchen kam ihnen auf der Treppe entgegen und küßte ihnen die Hände. Und so fröhlich wie es danach zuging, ist es noch auf keiner Hochzeit zugegangen.

Das Zitronenmädchen

Es waren einmal ein König und eine Königin, die hatten einen Sohn, und der ging eines Tages auf die Jagd. Dabei kam er an das Schloß eines Drachens. In dem Garten, der bei dem Schloß war, sah er viele schöne Zitronenbäume, deren Früchte sahen so verlockend aus, daß er in den Garten ging und drei davon pflückte. Während er sich auf dem Heimweg befand, überfiel ihn brennender Durst. Da nahm er eine Zitrone aus seinem

Beutel und schnitt sie an. Und siehe, ein wunderschönes Mädchen stand vor ihm, das sagte mit schwacher Stimme: „Ach, gib mir Wasser. Gib mir nur einen Tropfen Wasser."

Der Königssohn hatte aber kein Wasser, und so starb das schöne Mädchen.

Bald darauf verspürte er wieder großen Durst. Also nahm er die zweite Zitrone aus seinem Beutel und schnitt sie an. Und auch da stand gleich ein wunderschönes Mädchen vor ihm, das, wie das erste, sagte: „Ach, gib mir Wasser. Gib mir nur einen Tropfen Wasser."

Weil der Königssohn ihm aber kein Wasser geben konnte, starb auch das zweite Mädchen. Darüber war der Königssohn sehr traurig. Und er sagte sich: ‚Die dritte Zitrone darf ich nicht eher anschneiden, bis ich eine Quelle gefunden habe.' So irrte er eine ganze Weile umher, bis er etwas rauschen und murmeln hörte, und als er näher kam, sah er, daß da eine Quelle war. Voller Freude nahm er die dritte Zitrone und schnitt hinein. Sogleich stand da ein Mädchen, das noch lieblicher und schöner als die anderen war. Und als es seufzte: „Ach, gib mir Wasser. Gib mir nur einen Tropfen Wasser", lief der Prinz zu der Quelle und schöpfte in die hohle Hand von dem Wasser und gab dem Mädchen zu trinken. So blieb das Mädchen am Leben, und der Königssohn fragte es, ob es mit ihm in das Schloß kommen und seine Frau werden wolle.

Das Mädchen antwortete: „Kehre zuerst allein zu deinen Eltern zurück und erzähle ihnen, was dir begegnet ist. Dann komm hierher zurück. Ich will dich auf dem Baum dort erwarten. Wenn du aber deine Mutter wiedersiehst, so küsse sie nicht, denn sonst wird das Unglück über mich hereinbrechen."

Der Königssohn eilte darauf nach Hause. Doch in der Freude des Wiedersehens vergaß er, was das Mädchen ihm gesagt hatte. Er küßte seine Mutter, und augenblicklich verlor er das Zitronenmädchen aus seinem Gedächtnis.

Eine häßliche Sklavin aus dem Schloß hatte aber das Amt, täglich Wasser zu holen. So kam sie am anderen Morgen an die Quelle, die nahe dem Baum war, auf dem das Mädchen saß und den Königssohn erwartete. Als die Sklavin sich nun über das Quellbecken beugte, sah sie darin das Bild eines schönen jungen Mädchens. Und weil sie glaubte, daß es ihr eigenes Antlitz sei, rief sie voller Freude: „Oh! Wie schön bin ich doch! Für einen so niederen Dienst wie das Wasserholen bin ich wahrhaftig viel zu schade!"

Dann warf sie den Krug hin, daß er in tausend Stücke zerbrach und eilte voller Stolz in das Schloß zurück. Aber statt Verwunderung über ihre Schönheit gab es dort nur Schelte und Prügel für den zerbrochenen Krug.

Da ging die Sklavin mit einem neuen Krug zu der Quelle, und wieder glaubte sie, ihr Spiegelbild zu erblicken.

„Oh!" rief sie. „Ich werde doch wohl noch meinen eigenen Augen trauen können!"

Und sie warf auch den zweiten Krug hin und kehrte hocherhobenen Hauptes in das Schloß zurück. Da erging es ihr nicht besser als das erste Mal. So lief sie wieder zur Quelle. Da sah sie auf einmal, wie das Spiegelbild sich bewegte. Und weil sie ihren Kopf stillgehalten hatte, wunderte sie das sehr. Endlich richtete sie ihren Blick in die Höhe, und da entdeckte sie das schöne Mädchen, das die Ursache ihres Unglücks war.

„Ach", rief sie, „du bist schuld an allem, was ich gelitten habe!"

Und sie stieg auf den Baum und entlockte dem Mädchen mit vielen Schmeichelworten seine Geschichte. Am Ende bat sie, ihm das Haar ein wenig ordnen zu dürfen, damit es dem Königssohn noch besser gefalle als zuvor. Das Mädchen gab nach, es legte den Kopf ermüdet in den Schoß der Sklavin. Die zog rasch eine verzauberte Nadel hervor, durchbohrte damit den Hals des Mädchens und stieß es ins Wasser. Sie selbst blieb auf dem Baum sitzen und wartete auf den Königssohn.

Währenddessen wunderte man sich im Schloß über das lange Ausbleiben der Sklavin, und der Königssohn erbot sich, nach ihr zu suchen. Als er sich aber der Quelle näherte, erinnerte er sich an das Zitronenmädchen, das er durch den Kuß vergessen hatte. Doch als er zu dem Baum kam und darauf die häßliche Sklavin erblickte und hörte, wie sie ihn anklagte, weil er sie vergessen hatte, wußte er nicht, was er tun sollte. Am Ende entschloß er sich, sein Wort zu halten. So führte er die Sklavin in das Schloß, und dort wurde am anderen Tag die Hochzeit gehalten. Im Schloß hatte aber deshalb keiner die Sklavin wiedererkannt, weil sie sich mit der Zaubernadel ins Gesicht gestochen hatte und davon noch häßlicher geworden war.

Nach einiger Zeit erzählte einer der Hofleute dem Königssohn, daß in dem Becken der Quelle ein goldener Fisch schwimme. Der Königssohn lief hin, um das Wunder selbst zu sehen. Und kaum, daß er den Fisch erblickt hatte, befahl er, ihn in das Bassin des Schloßgartens zu bringen. Und er hatte eine solche Freude an dem goldenen Fisch, daß er bald vom Morgen bis zum Abend bei dem Bassin zubrachte. Seine häßliche Frau schöpfte jedoch Verdacht, daß der Fisch das schöne Mädchen sein könnte, dem sie die Zaubernadel in den Hals gebohrt und das sie ins Wasser gestoßen hatte. Also legte sie sich ins Bett und gab vor, von einer schlimmen Krankheit befallen zu sein, von der sie nur genesen könne, wenn sie das Fleisch des goldenen Fisches gegessen hätte. Dies habe ihr eine Stimme im Traum gesagt.

Der Königssohn war sehr betrübt bei dem Gedanken, seinen teuren Fisch zu verlieren. Seine Mutter ermahnte ihn aber, das Liebste zu opfern, um das Leben seiner Gemahlin zu retten. So willigte der Königssohn schließlich ein.

Der Fisch wurde also zubereitet, und die häßliche Frau des Königssohnes verzehrte ihn und schivn plötzlich von allen Leiden geheilt.

Nicht lange danach wuchs an der Stelle, an die man die Gräten des Fisches geworfen hatte, ein goldener Baum mit goldenen Blättern und Früchten empor. Darüber wurde der Königssohn wieder froh, und nun wandte er dem Baum seine ganze Aufmerksamkeit und Liebe zu. Seine Frau schöpfte aber neuen Verdacht und stellte sich wiederum krank. Die Ärzte, die aus allen Teilen des Landes herbeigeeilt waren, wußten sich keinen Rat, und so fragten sie die Kranke, ob sie nicht wieder von einem Heilmittel geträumt habe.

Darauf antwortete die Frau des Königssohnes: „Ich träumte, ich sei von einer schweren Krankheit befallen, von der ich nur dann genesen könne, wenn der goldene Baum mit den goldenen Blättern und Früchten umgehauen würde."

Der Königssohn versank über die Nachricht in tiefe Trauer, aber seine Mutter überredete ihn, den Baum umhauen zu lassen. Und so geschah es. Am selben Abend klopfte eine alte Frau an das Schloßtor, und als man sie nach ihrem Begehren fragte, sagte sie, daß sie dem Königssohn, um ihn aufzuheitern, ein Märchen erzählen wolle.

Die Häßliche ahnte, daß die Wahrheit an den Tag kommen würde, und sie wollte die alte Frau davonjagen. Doch der Königssohn hielt die Alte zurück und zwang seine Frau, sich zu ihnen zu setzen.

Da mußte sie nun die Geschichte des Zitronenmädchens, in der sie selbst eine so traurige Rolle spielte, von Anfang bis Ende mitanhören. Denn jedesmal, wenn sie aufspringen und davonlaufen wollte, hielt der Königssohn sie an ihrem Kleid fest. Die alte Frau wußte aber noch mehr zu erzählen.

„Ein Mütterchen", erzählte sie, „hat von dem gefällten Baum ein Scheit genommen, um damit in seiner Hütte einzuheizen. Wie es aber anfing, das Holz zu spalten, vernahm es ein Stöhnen, und eine Stimme sagte: ‚Ach mein Arm! Ach, mein Fuß!' Das Mütterchen sah sich darauf in der Stube um, aber da war niemand. Also fuhr es fort, das Holz zu spalten. Und auf einmal stand da, wie vom Himmel gesandt, ein wunderschönes Mädchen vor ihm."

Bei den letzten Worten ihrer Erzählung hatte die Alte eine Tür geöffnet, und herein trat das Zitronenmädchen. Wie groß da die Freude des Königssohnes war, läßt sich denken.

Und es wurde bald darauf eine lustige Hochzeit gefeiert. Die häßliche Sklavin aber erhielt zuvor ihre gerechte Strafe.

Die goldene Gerte

Es war einmal ein Kaufmann, der hatte drei Töchter. Als er eines Tages von ihnen Abschied nahm, weil er mit dem Schiff, das im Hafen lag, in ein fremdes Land fahren wollte, bat ihn die älteste Tochter, ihr ein Kleid mitzubringen.

„Ich wünsche mir ein Kopftuch", sagte darauf die mittlere Tochter.

„Und welchen Wunsch hast du?" fragte der Kaufmann die Jüngste.

Die überlegte eine Weile und antwortete dann: „Mir sollst du die goldene Gerte bringen. Doch merke dir, wenn du unsere Aufträge vergißt, so wird das Schiff, das du zur Rückkehr besteigst, nicht von der Stelle können."

„Ich will es mir wohl merken", sagte der Kaufmann.

Als er nun in das ferne Land kam, kaufte er alle Waren, die er nötig hatte, und dazu noch das Kleid und das Kopftuch für die zwei ältesten Töchter, aber an die goldene Gerte für die jüngste dachte er nicht. So kam es, daß das Schiff, das ihn in die Heimat zurückbringen sollte, trotz des günstigen Windes nicht von der Stelle kam. Da setzte er sich an den Strand und überlegte, was wohl schuld daran sein könnte.

Während er so dasaß, kam ein Bauer vorüber, und der fragte ihn, warum er so betrübt sei. Also erzählte ihm der Kaufmann, daß er nicht wisse, warum das Schiff nicht von der Stelle käme und wie lange er noch auf die Heimkehr warten müsse.

„Denke einmal nach, ob du etwas versprochen, das du nicht gehalten hast", sagte der Bauer.

„Ach", rief der Kaufmann, „das ist es, ich habe die goldene Gerte für meine jüngste Tochter vergessen! Aber, wie es auch sei, ich weiß ja nicht einmal, welchen Weg ich gehen muß, um sie zu finden."

„Sei nur guten Mutes", tröstete ihn der Bauer. „Wenn du drei Stunden der Sonne entgegengehst, so wirst du finden, was du suchst."

Da machte sich der Kaufmann auf, und nachdem er drei Stunden der Sonne entgegengegangen war, traf er einen Mann, den fragte er, da weit und breit nur gewöhnliche Sträucher auf dem Feld wuchsen, nach der goldenen Gerte.

„Siehst du das Schloß dort?" fragte der Mann. „Darin wohnt die goldene Gerte, denn so heißt der Sohn unseres Königs."

Als das der Kaufmann hörte, erschrak er, doch am Ende faßte er sich ein Herz, ging vor das Schloß und bat um die Erlaubnis, vor den König treten zu dürfen. Es dauerte nicht lange, da ließ man ihn ein, und der König fragte ihn nach seinem Begehren.

„Erlaube mir, deinen Sohn zu sprechen", sagte der Kaufmann geradeheraus.

Da winkte der König einen Diener herbei, und der führte den Kaufmann in das Gemach des Königssohnes. Dem erzählte der Kaufmann nun, was ihm seine jüngste Tochter aufgetragen hatte. Als der Königssohn den Kaufmann eine Weile aufmerksam angeblickt hatte, führte er ihn in ein Gemach, in dem die Wände voller Bilder hingen, auf denen die schönsten Mädchen, die es auf der Welt gab, abgebildet waren.

„Ist deine Tochter so schön wie eine von diesen hier?" fragte der Königssohn.

„Nein, denn sie ist noch tausendmal schöner", antwortete der Kaufmann.

Darauf führte der Königssohn ihn in ein anderes Gemach, in dem das Bild eines Mädchens hing, das er im Schlaf gesehen und von dem er geträumt hatte, daß er es heiraten werde.

„Ist deine Tochter so schön wie diese hier?" fragte der Königssohn.

„Aber das ist ja meine Tochter!" rief der Kaufmann aus.

Nun gab ihm der Königssohn einen Brief, eine silberne Schüssel und einen Ring und trug ihm auf, die drei Dinge seiner Tochter zu übergeben.

Der Kaufmann verabschiedete sich und kehrte auf das Schiff zurück, und das trieb der Wind so schnell über das Meer dahin, daß er in kurzer Zeit nach Hause kam. Dort traten ihm seine Töchter entgegen und fragten ihn, ob er auch an ihre Wünsche gedacht habe.

„Sollte ich nicht an sie gedacht haben, wäre ich in dem fremden Land geblieben, denn selbst ein Sturm hätte das Schiff nicht von der Stelle gebracht", antwortete der Kaufmann.

Dann packte er die Geschenke aus und gab der Ältesten das Kleid, der Mittleren das Kopftuch und der Jüngsten den Brief, die silberne Schüssel und den Ring. Die lief damit in ihre Kammer, schloß sich ein und öffnete den Brief des Königssohnes. In dem Brief stand, wenn sie den Königssohn sehen wolle, so müsse sie die silberne Schüssel mit Wasser füllen, den Ring hineinwerfen und dreimal „Komm, meine goldene Gerte!" rufen. Dann würde er als Taube geflogen kommen, in dem Wasser baden und sich in seine wahre Gestalt zurückverwandeln.

Das Mädchen tat alles, wie es in dem Brief geschrieben stand, und sowie es das Becken mit Wasser gefüllt, den Ring hineingeworfen, das Fenster geöffnet und dreimal „Komm, meine goldene Gerte!" gerufen hatte, kam eine Taube geflogen. Die badete in dem Wasser und verwandelte sich in den Königssohn, und nachdem sie lange Zeit miteinander geplaudert hatten, benetzte der Königssohn sich mit dem Wasser und flog wieder als Taube davon. Zuvor hatte er dem Mädchen aber eine Nuß gegeben, die sollte es aufschlagen und das Kleid, das es darin finden würde, anziehen.

Als das Mädchen nun allein war, schlug es die Nuß auf und fand darin ein Kleid, auf dem der Himmel mit all seinen Sternen zu sehen war. Das Mädchen zog das Kleid an, und wie es darin aus seiner Kammer trat, beneideten seine Schwestern es sehr.

Nach einigen Tagen ließ das Mädchen den Königssohn wieder in seine Kammer kommen, und beim Abschied gab er ihm eine andere Nuß. Darin fand es ein Kleid, auf dem das Meer mit all seinen Wellen zu sehen war. Und als es darin aus seiner Kammer trat, beneideten die Schwestern es noch mehr.

Bei seinem dritten Besuch gab der Königssohn dem Mädchen eine Feige, die schnitt es auf und fand darin ein Kleid, auf dem der Sommer mit all seinen Blumen zu sehen wer. Die Schwestern wurden nun aber so neidisch, daß sie miteinander berieten, wie sie der jüngsten Schaden zufügen könnten.

„Wir müssen herausfinden, wie sie zu den Kleidern gekommen ist", sagte die Älteste.

Und als sie merkten, daß die Jüngste sich wieder in ihre Kammer einschloß, gingen sie hin und blickten durch das Schlüsselloch. Da sahen sie, wie ihre Schwester Wasser in die silberne Schüssel goß und den Ring hineinwarf. Und als sie dreimal „Komm, meine goldene Gerte!" gerufen hatte, kam die Taube durch das offene Fenster geflogen, badete in dem Wasser und verwandelte sich in den Königssohn.

Nun hatten die Schwestern genug gesehen. Sie eilten davon und berieten sich erneut miteinander.

Am anderen Morgen, als die drei Schwestern, wie gewöhnlich, ins Bad gingen, zerriß die älteste ihre Perlenkette. Die Jüngste bückte sich sogleich, um ihr beim Auflesen der Perlen behilflich zu sein, doch die Älteste ließ es nicht zu und sagte: „Geht nur schon voraus. Ich habe die Kette zerrissen, also ist es auch an mir, die Perlen aufzulesen."

Da folgte die jüngste der mittleren Schwester ins Bad. Die Älteste dachte aber nicht daran, weiter die Perlen aufzulesen. Sie sprang auf und lief schnell in die Kammer der Jüngsten. Dort nahm sie die silberne Schüssel,

füllte sie mit Wasser, warf den Ring hinein, öffnete das Fenster und rief dreimal: „Komm, meine goldene Gerte!“ In der Eile hatte sie jedoch nicht bemerkt, daß in der Schüssel ein Messer lag, und als nun die Taube geflogen kam und in das Wasser der Schüssel tauchte, schnitt sie sich an dem Messer in den Hals, und von dem Blut, das aus der Wunde floß, wurde das Wasser rot. Die Taube schwang sich gleich wieder auf und flog davon. Die älteste Schwester erschrak darüber aber so sehr, daß sie alles stehen ließ und davonlief.

Als die Jüngste aus dem Bad zurückkehrte und die Schüssel nahm, um die Taube zu rufen, sah sie, daß sie bereits mit Wasser gefüllt und daß es rot war. Sie erriet sogleich, was vorgegangen war und begann zu weinen. Am anderen Tag ging sie zu ihrem Vater und sagte: „Ich kann nicht länger bei dir bleiben, ich muß hinaus in die Fremde. Laß mir darum ein Schiff ausrüsten.“

Der Vater versuchte vergeblich, seine Tochter zurückzuhalten, und so gab er am Ende ihrem Wunsch nach und ließ ein großes Schiff, mit allem, was für eine lange Reise nötig war, ausrüsten. Und das Mädchen fuhr mit dem Schiff damit in das fremde Land.

Auf der Fahrt mußte das Schiff einmal anlegen. Da stieg das Mädchen hinunter, um sich ein bißchen umzusehen. Als es nun eine Weile gegangen war, sah es zwei Vögel auf einem Baum und hörte, wie sie miteinander sprachen.

„Wenn ein Mensch wüßte, wie man den Königssohn heilen könnte, würde er sein Glück machen“, sagte der eine Vogel.

„Ja“, sagte der andere, „wenn ein Mensch wüßte, daß man uns töten und aus unserem Fleisch mit dem Wasser der Quelle eine Salbe kochen und damit den Hals des Königssohnes bestreichen müßte, würde er gewiß sein Glück machen.“

Nun zögerte das Mädchen nicht einen Augenblick. Es legte auf beide Vögel an und schoß sie vom Baum herunter. Darauf ging es zu der Quelle und kochte aus dem Wasser und dem Fleisch der Vögel eine Salbe.

Als das Schiff in dem fremden Land ankam, verkleidete sich das Mädchen als Arzt, ging vor das Königsschloß und rief, so laut es nur konnte: „Wer braucht einen Arzt, der jede Wunde zu heilen vermag?“ Das rief es so lange, bis es der König hörte und es vor sich kommen ließ und ihm von seinem Sohn berichtete.

„Führe mich zu ihm“, sagte das Mädchen.

Und als es im Gemach des Königssohnes stand, sagte es: „Ich will deinen Sohn in drei Tagen heilen.“

Die Ärzte, die zugegen waren, rieten dem König, dem Fremden keinen Glauben zu schenken. Doch der König gebot ihnen Ruhe und befahl ihnen, das Gemach zu verlassen.

Darauf bestrich das Mädchen die Wunde des Königssohnes mit der Salbe, und als es sie zum dritten Mal bestrichen hatte, war der Königssohn gesund. Als der König das sah, war er hocherfreut, und er fragte den fremden Arzt, welchen Lohn er sich für den Dienst, den er ihnen erwiesen habe, ausbitte.

Da antwortete das Mädchen: „Ich verlange nichts weiter, als daß man zu meinen Ehren ein großes Gastmahl gibt, zu dem alle Vornehmen des Reiches geladen werden sollen.“

„Was du verlangst, ist eine Kleinigkeit“, sagte der König.

Und er rief seine Diener und ließ ein großes Gastmahl bereiten und lud alle Vornehmen des Reiches dazu ein. Als nun alle versammelt waren, erhob sich das Mädchen und bat den König, daß er Stille im Saal gebieten solle, da es ein Märchen erzählen wolle.

Der König kam seiner Bitte nach, und das Mädchen erzählte von seinem Glück und Unglück. Als es aber fertig war, riß es den falschen Bart herunter, warf die Männerkleider ab und sagte: „Ich bin das Mädchen, von dem ich euch erzählt habe.“

Da ging der König hin, umarmte es und rief: „Dein Unglück soll sich erneut in Glück verwandeln!“

Dann gab er das Mädchen seinem Sohn zur Frau, und dem war nichts lieber als das.

Lazaros und die Draken

Es war einmal ein Schuster, der hieß Lazaros. Als dieser eines Tages bei der Arbeit saß, da versammelten sich um den Honigtopf, der auf dem Tisch stand, wohl mehr als hundert Fliegen. Lazaros scheuchte sie fort, aber die Fliegen surrten gleich wieder um den Honigtopf. Darüber geriet Lazaros in einen solchen Zorn, daß er einen Riemen nahm und damit auf einen Schlag vierzig von ihnen tötete.

„Ei", rief er aus, „das war wahrhaftig eine große Tat!"

Dann ging er hin, ließ sich ein Schwert machen und darauf schreiben: „Vierzig auf einen Schlag!"

Nachdem das Schwert fertig war, machte er die Tür seiner Schusterwerkstatt zu, verabschiedete sich von Frau und Kindern und ging in die Welt hinaus. Zwei Tage ging er, da kam er an einen Brunnen, neben den legte er sich nieder und schlief ein.

Nicht weit von dem Brunnen lebten drei Draken, und wie einer von ihnen nun Wasser holen wollte, fand er den Lazaros mit seinem Schwert und las, was darauf geschrieben stand. Und das erschien ihm so ungeheuerlich, daß er das Wasserholen vergaß und zu den anderen Draken eilte, um ihnen zu erzählen, was er gesehen hatte.

Die anderen wollten ihm keinen Glauben schenken. Als er sie jedoch aufforderte, selbst nachzusehen, fürchteten sie sich und rieten dem ersten, mit dem starken Fremden Brüderschaft zu schließen.

Der Drake ging also zu dem Brunnen zurück, weckte den Lazaros und sagte ihm, wenn es ihm recht wäre, so wollte er ihn als Bruder annehmen.

„Warum sollte es mir nicht recht sein?" fragte Lazaros.

Dann folgte er dem Draken, der ihn zu einem Popen führte, und als der den Segen über sie gesprochen hatte, ging Lazaros mit dem ersten Riesen zu den beiden anderen und blieb bei ihnen.

Nach einigen Tagen sagte der erste Drake zu Lazaros: „Es ist bei uns Brauch, daß wir reihum Wasser und Holz holen, und da du nun zu uns gehörst, ist heute die Reihe an dir. Gehe also zum Brunnen und hole Wasser."

„Nichts lieber als das", sagte Lazaros.

Die Draken hatten aber einen Schlauch, der zweihundert Liter Wasser faßte, und Lazaros schleppte ihn leer nur mit großer Mühe bis zum Brunnen. Dort füllte er ihn aber nicht, sondern grub statt dessen rings um den Brunnen einen Graben.

Als nun die Draken sahen, daß Lazaros so lange ausblieb, schickten sie den ersten hin, nach ihm zu sehen. Als dieser zum Brunnen kam und Lazaros fragte, was er denn da machte, antwortete er: „Wir wollen uns nicht mehr tagtäglich mit dem Wasserholen plagen. Darum will ich den ganzen Brunnen zu unserer Behausung tragen."

Da rief der Drake: „Halt ein! Wenn du den Brunnen fortträgst, so müssen wir alle verdursten. Wir wollen, wie bisher, reihum Wasser holen."

„Heißt das, daß ich davon befreit sein soll?" fragte Lazaros.

„Das will ich!" antwortete der Drake.

Darauf schüttete Lazaros den Graben wieder zu, und der Drake füllte den Schlauch mit Wasser und trug ihn fort.

Drei Tage darauf sollte Lazaros Holz holen gehen. Die Draken luden stets einen ganzen Baum auf ihre Schultern. Da aber Lazaros es ihnen nicht gleichtun konnte, band er, ohne einen zu fällen, jeweils fünf Bäume mit einem Strick zusammen und wartete danach, bis der Abend kam. Da schickten die Draken wieder den ersten nach ihm aus, und als der den Lazaros fragte, was er denn mit den Bäumen vorhabe, antwortete er: „Ich will den ganzen Wald zu unserer Behausung schleppen, so daß keiner mehr die Last des Holzhohlens auf sich nehmen muß."

Da rief der Drake: „Halt ein! Denn sonst werden wir vor Kälte sterben, wenn der Sturm über das flache Land dahinbraust. Wir wollen lieber, wie zuvor, reihum ins Holz gehen."

„Willst du damit sagen, daß ich davon befreit sein soll?" fragte Lazaros.

„Das will ich!" antwortete der Drake.

Am anderen Tag beschlossen die Draken, den Lazaros zu töten. Jeder von ihnen sollte ihm in der folgenden Nacht einen Hieb mit dem Beil geben.

Lazaros hatte aber alles mitangehört. Und als nun der Abend kam, nahm er einen Holzklotz, legte ihn an seine Schlafstelle und bedeckte ihn mit seinem Mantel. Danach versteckte er sich hinter dem Ofen. Bald darauf kamen die Draken, und die hieben so lange mit dem Beil auf den Holzklotz ein, bis sie meinten, daß der Lazaros aus der Welt geschafft sei. Dann taten sie das Beil beiseite und legten sich zum Schlafen nieder.

Kaum waren sie aber eingeschlafen, da nahm Lazaros den Holzklotz, warf ihn zur Tür hinaus und streckte sich auf seiner Schlafstelle aus. Gegen Morgen fing er dann laut zu stöhnen an. Die Draken rieben sich erschrocken die Augen und fragten ihn, was ihm denn fehle.

„Ach", antwortete Lazaros, „die Mücken haben mir heute nacht arg zugesetzt."

Nun wollten die Draken den Lazaros um jeden Preis loswerden. Sie fragten ihn also, ob er Frau und Kinder habe.

„Die habe ich", antwortete Lazaros.

„Möchtest du sie nicht einmal besuchen?" fragten darauf die Draken.

Und als der Lazaros ihnen die Antwort schuldig blieb, sagten sie, daß sie ihm auch einen Ranzen voll Gold mitgeben wollten.

Damit war Lazaros zufrieden, er verlangte aber, daß einer der Draken ihm den Ranzen nach Hause tragen sollte. Das gefiel den Draken gar nicht, aber um endlich Ruhe vor ihm zu haben, gaben sie nach, und der erste ging mit ihm.

Als sie nun in die Nähe des Hauses kamen, das dem Lazaros gehörte, sagte dieser zu dem Draken: „Bleib einstweilen hier, denn ich muß hingehen und meine Kinder anbinden, damit sie dich nicht fressen."

Darüber erschrak der Drake so sehr, daß er den Ranzen fallen ließ und fortlief. Als er aber in den Wald kam, begegnete er einem Fuchs, der fragte ihn: „Was läufst du denn so?"

Da erzählte ihm der Drake, daß er sich vor den Kindern des Lazaros fürchte, die ihn, wäre er nicht davongelaufen, gewiß mit Haut und Haar gefressen hätten.

„Ach", rief der Fuchs, „du brauchst dich weder vor dem Lazaros noch vor seinen Kindern zu fürchten. Ich bin gerade auf dem Weg, mir eins seiner Hühner zu holen. Komm nur mit, so kannst du dich gleich davon überzeugen, daß du umsonst davongelaufen bist. Und damit wir einander nicht aus den Augen verlieren, bindest du dich am besten an meinem Schwanz an."

Der Drake wußte nicht recht, ob er dem Fuchs glauben sollte. Am Ende tat er aber doch, was dieser gesagt hatte. Er band sich an seinen Schwanz und ging mit ihm zum Haus des Lazaros.

Der stand aber auf der Lauer, und als er den Fuchs mit dem Draken kommen sah, rief er: „He, Fuchs, habe ich dir nicht gesagt, daß du mir alle drei Draken bringen sollst? Was soll ich denn mit einem?"

Wie das der Drake hörte, machte er kehrt und lief so schnell, daß der Fuchs nicht nachkommen konnte und seinen Schwanz einbüßte.

Lazaros aber legte sein Schwert in den Kasten, baute sich ein prächtiges Haus und verbrachte den Rest seines Lebens herrlich und in Freuden.

Der Jäger und die Prinzessin

Es war einmal ein Jäger, der ging jeden Tag auf die Jagd, und niemals kehrte er ohne Beute heim. Einmal lief er wieder bis zum Abend herum, ohne daß er irgendein Wild zu Gesicht bekommen hätte. Endlich beschloß er, die Nacht im Wald zu verbringen und nicht eher nach Hause zurückzukehren, bis ihm das Glück über den Weg gelaufen sei.

Am anderen Morgen kam er ans Meeresufer, und dort sah er im Sand einen großen Fisch, der sich vergeblich abmühte, wieder ins Wasser zu kommen. Der Jäger hatte Mitleid mit dem Fisch. Darum ging er hin und wälzte ihn ins Meer zurück. Als der Jäger seiner Wege gehen wollte, tauchte er wieder auf und fragte den Fisch: „Was verlangst du für den Dienst, den du mir erwiesen hast?"

„Ich verlange nichts", antwortete der Jäger.

Da sprach der Fisch: „Nimm dir eine von meinen Schuppen. Wenn du einmal Hilfe brauchst, so brenne sie an. Dann will ich kommen und dir helfen."

Der Jäger riß dem Fisch also eine Schuppe aus und ging weiter. Nach einer Weile kam er an einen Platz, auf dem ein Baum stand, dessen Äste so breit waren, daß sie den ganzen Platz bedeckten. Unter diesen Baum setzte sich der Jäger, und weil er sehr müde war, schlief er gleich ein.

Bald darauf wurde er aber von einem merkwürdigen Geräusch geweckt, und als er aufstand, um zu sehen, wo es herkam, erblickte er eine riesige Schlange, die den Baum hinaufkroch. Da besann er sich nich lange, nahm sein Gewehr und tötete die Schlange. Die jungen Adler, die ihr Nest in dem Baum hatten, waren darüber sehr froh. Der Jäger aber legte sich wieder und schlief weiter.

Als nun die alten Adler zu dem Baum kamen und den Jäger darunter liegen sahen, glaubten sie, daß er auf ihre Jungen aus sei, und sie stürzten sich auf ihn und wollten ihm die Augen aushacken. Da riefen die Jungen: „Ihr dürft ihm nichts tun, denn er hat die Schlange getötet!"

Als das die Alten hörten, ließen sie sich neben dem Jäger nieder und warteten, bis er aus seinem Schlaf erwachte. Da fragten sie ihn: „Welchen Dienst können wir dir für deine Wohltat erweisen?"

„Ach, was sollte ich von euch verlangen", sagte der Jäger, und er wollte seines Weges gehen.

Der alte Adler sprach aber: „Reiß eine Feder aus meinem Schwanz. Solltest du einmal Hilfe brauchen, so brenne sie an."

Da ging der Jäger hin und riß dem Adler eine Feder aus seinem Schwanz. Danach ging er weiter, in einen anderen Wald. Aber auch dort bekam er den ganzen Tag kein Wild zu Gesicht. Endlich, als es Abend wurde, erblickte er einen Fuchs, zu dem sprach er: „Oh, du kommst mir gerade recht! Du mußt wohl oder übel daran glauben, denn ich laufe schon lange Zeit herum, ohne daß ich etwas geschossen hätte."

,,Verschone mich!" rief der Fuchs. ,,Ich will dir geben, was du verlangst!"

,,Was kannst du mir schon geben?" meinte der Jäger.

,,Reiß eines meiner Haare aus. Solltest du einmal Hilfe brauchen, so brenne es an", antwortete der Fuchs.

Der Jäger überlegte nicht lange. Er riß dem Fuchs ein Haar aus, steckte es ein und ging so lange, bis er in ein anderes Land kam. Dort begegnete er einem alten Mann, und der erzählte ihm, daß die Tochter des Königs einen Zauberspiegel besitze und nun im ganzen Land bekanntmachen lassen habe, daß sie denjenigen zum Mann nehmen wolle, der sich so vor ihr zu verstecken wisse, daß sie ihn nicht fände.

,,Wer aber meint, den Zauberspiegel überlisten zu können und von der Prinzessin dennoch gefunden wird, der verliert seinen Kopf", erzählte der alte Mann.

,,Ich werde meinen Kopf gewiß nicht verlieren", sagte der Jäger. Dann ging er in das Königsschloß und bot der Prinzessin an, sich vor ihr zu verstecken.

,,Es sei, wie du es wünschst", sagte die Prinzessin. ,,Und finde ich dich, so verlierst du deinen Kopf. Finde ich dich aber nicht, so will ich deine Frau werden."

Dem Jäger gefiel die Prinzessin über alle Maßen. Also bedachte er sich nicht noch einmal, sondern willigte in die Bedingungen ein.

,,Nun gut", sagte die Prinzessin, ,,ich gebe dir drei Tage Zeit."

Darauf ging der Jäger hin und vergnügte sich zwei Tage lang mit Gesang und Tanz. Und wenn man ihn daran erinnerte, daß die Zeit bald um sei und ihm vorhielt, daß er gewiß bald seinen Kopf verlieren würde, lachte er nur. Erst am Abend des dritten Tages ging er zum Meer und brannte dort die Schuppe an. Und als der große Fisch herbeigeschwommen kam und ihn nach seinem Begehren fragte, sagte er: ,,Du sollst mich so verstecken, daß mich niemand finden kann."

Da öffnete der Fisch seinen Rachen und der Jäger stieg hinein und wurde von dem Fisch in die Tiefe des Meeres getragen.

Als nun die Prinzessin in den Spiegel blickte und den Jäger nirgends entdecken konnte, sagte sie: ,,Diesen werde ich wohl heiraten müssen."

Und sie war nicht einmal traurig darüber, denn der Jäger hatte ihr sehr gefallen. Als sie aber noch einen Blick in den Spiegel tat, bemerkte sie ein Stückchen blauer Seide, das von der Mützenquaste des Jägers aus dem Rachen des Fisches heraushing.

Da rief sie: „Ich habe den Jäger gefunden!"

Wie nun der Jäger wieder an Land kam und zu der Prinzessin ging, um zu hören, ob sie ihn entdeckt habe, antwortete sie: „Du warst im Rachen des großen Fisches."

„Das ist wahr", sagte der Jäger, „und darum werde ich meinen Kopf verlieren."

„Nein", sprach die Prinzessin, „ich schenke dir das Leben, denn noch keiner hat sich bisher so gut versteckt wie du. Doch laß es dich nicht gelüsten, es noch einmal mit mir aufzunehmen."

Da dankte der Jäger der Prinzessin und verließ das Schloß. Aber es dauerte nicht lange, da sagte er sich: ‚Ich muß es doch noch einmal versuchen, und sollte es mich meinen Kopf kosten.'

Er ging also wieder in das Schloß und erhielt, wie das erste Mal, eine Frist von drei Tagen. Die verbrachte er wieder mit Gesang und Tanz.

Erst am Abend des dritten Tages ging er hinaus auf das Feld und brannte die Adlerfeder an. Da kamen die alten Adler herbei und fragten ihn, was er von ihnen verlange.

„Ich will, daß ihr mich bis zum Himmel hinauftragt", antwortete der Jäger.

„Das sollst du haben", sagten die Adler.

Und dann trugen sie den Jäger bis zum Himmel hinauf.

Als die Prinzessin in den Spiegel blickte, konnte sie lange keine Spur von dem Jäger finden. Endlich entdeckte sie aber wiederum die Mützenquaste, die zwischen den Adlern herunterhing. Und sie rief: „Ich habe den Jäger gefunden!"

Als der Jäger vor ihr erschien und sie fragte, ob sie ihn entdeckt habe, antwortete sie: „Die Adler haben dich bis zum Himmel hinaufgehoben."

„Das ist wahr", sagte der Jäger, „und darum werde ich nun meinen Kopf verlieren."

Aber die Prinzessin rief: „Mach, daß du fortkommst! Ich will dir noch einmal das Leben schenken, doch du darfst nie wieder versuchen, dich vor mir zu verstecken."

Der Jäger wollte aber lieber seinen Kopf verlieren, als ohne die Prinzessin leben. Darum sprach er: „Ich will es noch einmal versuchen."

Und dieses Mal wartete er nicht ab, bis die Frist von drei Tagen fast verstrichen war. Er ging gleich hinaus aufs Feld, brannte das Haar des Fuchses an und sagte, als dieser vor ihm stand: „Du sollst mir eine Höhle graben, die von hier in das Schloß und dort unter den Sessel führt, auf dem die Prinzessin sitzt und in ihren Zauberspiegel sieht."

Da rief der Fuchs seine Brüder, Großväter, Onkel und Großonkel zusammen und trug ihnen auf, eine Höhle zu graben, wie sie der Jäger verlangt hatte. Als die Höhle fertig war, schlüpfte der Jäger hinein, und während die Prinzessin versuchte, ihn zu finden, stach er sie mit einer Nadel durch das Polster des Sessels, auf dem sie saß. Darüber erschrak die Prinzessin so sehr, daß ihr der Zauberspiegel aus den Händen glitt und in tausend Scherben zerbrach.

„Nun", sagte der Jäger, als er wieder vor die Prinzessin trat, „hast du mich gefunden?"

„Nein", sagte die Prinzessin, „ich habe dich nicht gefunden."

So wurde denn die Hochzeit gefeiert, und die war so prächtig, daß man noch heute davon erzählt.

Der Spindelknopf

Es war einmal ein alter Mann, der hatte drei Söhne, die verheiratete er mit drei schönen Mädchen. Eines Tages fand der alte Mann bei seiner Arbeit auf dem Feld einen silbernen Spindelknopf, und als er damit am Abend nach Hause kam, sagte er zu seinen Schwiegertöchtern: „Kommt einmal her, ich habe einen Spindelknopf gefunden. Diejenige von euch, an deren Spindel er paßt, soll ihn haben."

Da versuchte es zuerst die Älteste, doch der Knopf paßte nicht an ihre Spindel, und ebenso erging es der Zweiten. Auf die Spindel der dritten Schwiegertochter paßte er aber ganz genau, und so behielt sie ihn.

Das versetzte die beiden anderen in Zorn, und mit der Zeit wurden sie so neidisch, daß sie die Jüngste, wo immer sie ging und stand, beiseite schoben. Ja, am Ende ließen sie es nicht einmal mehr zu, daß sie bei ihnen am Tisch saß.

Eines Tages sagte die alte Schwiegermutter zur Jüngsten: „Komm her und kämme mich ein wenig."

Da setzte die Jüngste sich auf einen Haufen ausgepreßter Weintrauben, der vor der Tür lag, und kämmte der Schwiegermutter das Haar. Weil sie aber sehr hungrig war, aß sie dabei ein paar von den Kernen, die in dem Haufen waren. Wie das ihre Schwägerinnen sahen, verspotteten sie die Ärmste und riefen, so daß es alle hörten, die Jüngste sitze da und esse Läuse.

Die Männer der drei jungen Frauen waren bald nach der Hochzeit in die Fremde gezogen, um dort ihr Glück zu suchen. Als nun ein Jahr um war, schickten sie einen Brief, in dem sie ihre Frauen wissen ließen, daß sie bald nach Hause kommen würden. Da gingen die älteren beiden Frauen hin und ließen neue Kleider und Schuhe für ihre Männer anfertigen. Und als die Jüngste es ihnen gleichtun wollte, hielten sie sie zurück.

Wie nun die Männer nach Hause kamen, gaben die beiden älteren Frauen ihnen die neuen Kleider und Schuhe, und die Männer gingen darin herum und fragten ihren jüngsten Bruder, wo denn die Kleider und die Schuhe seien, die seine Frau ihm habe anfertigen lassen.

Den Jüngsten, der leer ausgegangen war, erzürnte das. Er nahm seine Frau, führte sie tief in den Wald und ließ sie darin zurück. Die junge Frau hatte aber einen Beutel Weizenkörner mitgenommen. Und als die Vögel kamen und sich neben ihr niederließen, streute sie die Körner aus. Dafür schenkten die Vögel ihr ein Haus, in dem alles aufs Beste eingerichtet war.

Nach einer Weile sehnte sich aber der Mann danach, zu sehen, was denn aus seiner Frau geworden sei. Er ging also in den Wald und fand an der Stelle, wo er sie verlassen hatte, das Haus. Da klopfte er an, um nach seiner Frau zu fragen.

,,Hör", riefen die Hunde, die auch mit in dem Haus waren, der Frau zu, ,,vor der Tür steht ein Fremder. Sollen wir ihn hereinlassen?"

,,Laßt ihn nur herein", antwortete die Frau.

Darauf öffneten die Hunde die Tür, und der Mann trat ein. Er erkannte sogleich seine Frau, ließ es sich aber nicht anmerken und gab vor, daß er sich im Wald verirrt habe und vom vielen Herumlaufen sehr müde sei. Darum bäte er sie, sich ein wenig ausruhen zu dürfen. Als die Frau darin einwilligte, legte er sich neben den Ofen, hüllte sich in seinen Mantel und tat, als ob er schliefe.

Da nahm die Frau ihr Spinnrad, drehte es und sprach: ,,Was soll ich dir erzählen, liebes Spinnrad?"

,,Erzähle mir von dem silbernen Spindelknopf", antwortete das Spinnrad.

Darauf erzählte die Frau: ,,Es waren einmal drei junge Frauen, deren Schwiegervater fand eines Tages einen silbernen Spindelknopf auf dem Feld."

,,Erzähle", surrte das Spinnrad, ,,erzählte nur weiter."

Und die Frau fuhr fort, ohne daß sie von dem Spinnrad noch einmal unterbrochen wurde. So hörte ihr Mann alles, und als die Frau schwieg, sprang er auf und bat sie, wieder mit ihm zu kommen.

Darauf rief die Frau die Hunde und ging mit ihrem Mann. Und kaum waren sie zu Hause angekommen, da hetzte der Mann die Hunde auf die beiden älteren Frauen, und die liefen, daß sie Schuhe und Strümpfe verloren, und kamen niemals wieder zurück.

Der Handel

Es war einmal ein Mann, der wiederholte, so oft sich Gelegenheit dazu bot: „Ich habe Verstand im Kopf, aber kein Geld im Sack."

Das hörte eines Tages ein Kaufmann, der ging auf den Mann, dessen Name Athanasios war, zu und sprach: „Weißt du was? Ich will dir von meinem Geld geben, denn ich möchte sehen, was du damit und mit deinem Verstand anzufangen weißt."

„Nun“, sagte Athanasios, „das sollst du bald sehen. Ich werde dafür Ware kaufen und die wird mir großen Gewinn bringen.“

Da gab ihm der Kaufmann einen Beutel voll Goldstücke und sprach: „So geh nur gleich hin und kaufe die Ware. Von dem Gewinn, den zu erzielst, sollst du mir aber die Hälfte abgeben.“

Damit war Athanasios einverstanden, und er ging hin und kaufte eine große Menge Schilfmatten. Danach suchte er ein Schiff, auf dem er die Matten nach Ägypten bringen wollte. Als er das gefunden hatte und mit dem Schiffer über die Fracht einig geworden war, fragte ihn der: „Aus was besteht denn deine Ladung?“

„Es sind Schilfmatten“, antwortete Athanasios.

Da fing der Schiffer an zu lachen und sagte: „Höre, mein Freund, das ist kein gutes Geschäft, denn in Ägypten bekommt man die Matten um den halben Preis.“

„Was kümmert dich das? Du erhältst deine Fracht, und damit laß es dir genug sein“, antwortete Athanasios.

Der Schiffer verlud also die Matten, und Athanasios bestieg das Schiff, das ihn und seine Ware nach Ägypten bringen sollte. Aber während der ganzen Reise mußte er den Spott der anderen Kaufleute, die sich auf dem Schiff befanden, über sich ergehen lassen. Und der Schiffer pflichtete ihnen ein um das andere Mal bei und meinte, daß es dem Reichen nur recht geschehen sei. Warum habe er sich auch mit einem Narren eingelassen?

Als sie in Ägypten angekommen waren, ließ Athanasios die Matten an den Strand bringen und auf einen großen Haufen schichten, dan steckte er ihn an und wartete, bis alles zu Asche verbrannt war.

Die Kaufleute waren sich nun gänzlich darin einig, daß es sich bei Athanasios um einen ausgemachten Narren handele, und jeder beglückwünschte sich, daß er ihm nicht, wie jener Reiche, sein Geld gegeben hatte, um einen Gewinn daraus zu schlagen.

Athanasios ließ sie reden, was sie wollten. Er setzte sich neben den Aschenhaufen und blickte aufs Meer hinaus. So ließen sie ihn denn endlich in Ruhe und gingen ihrer Wege.

Bald darauf wurde es Nacht, und da kamen die Seepferde aus dem Wasser, fraßen von der Asche und spien dafür Edelsteine von unschätzbarem Wert aus. Athanasios sammelte sie ein, und als es Morgen war, hatte er sechshundert beisammen, die vergrub er an einem sicheren Platz. Dann ging er hin, ließ zwölfhundert Lehmsteine brennen und sie ans Meeresufer bringen. In sechshundert von ihnen steckte er die Edelsteine. Danach ging er auf dasselbe Schiff, mit dem er nach Ägypten gekommen war, handelte mit dem Schiffer die Fracht aus und ließ die Lehmsteine, die den Schatz bargen, nach unten und die anderen oben drauf legen.

„Du machst wahrhaftig schöne Geschäfte", sagte der Schiffer. „Matten bringst du nach Ägypten und Lehmsteine führst du aus."

„Was kümmern dich meine Geschäfte?" versetzte Athanasios. „Du erhältst deine Fracht, und damit laß es dir genug sein."

Aber auch während der Heimreise war er dem Gelächter und dem Spott der Mitreisenden ausgesetzt.

Als sie schon gut die Hälfte der Fahrt hinter sich gebracht hatten, kam nun ein solcher Sturm auf, daß das Schiff zu sinken drohte. Da sagten die Kaufleute zu Athanasios, daß er einen Teil seiner Lehmsteine über Bord werfen solle und daß sie ihm dafür geben wollten, was sie wert seien.

„Wenn ihr es zufrieden seid, daß der Wert der Steine vor Gericht bestimmt wird, so will ich wohl die Hälfte mit eurer Hilfe über Bord werfen", antwortete Athanasios.

Darauf ließen sich die Kaufleute gleich ein. Wenn sie auch nicht den genauen Wert von sechshundert Lehmsteinen wußten, so meinten sie doch, daß er nicht erheblich sein könnte. Und sie würden dafür ihre Ware unbeschadet nach Hause bringen. Also packten sie zu und halfen Athanasios, die sechshundert oberen Lehmsteine ins Meer zu werfen. Dadurch widerstand das Schiff dem Sturm, so daß sie glücklich nach Hause gelangten. Als dort alle an Land gegangen waren, forderte Athanasios die Kaufleute auf, mit ihm zum Richter zu gehen, damit dieser die Lehmsteine abschätzen lassen solle. Statt eines Lehmarbeiters verlangte er jedoch, daß ein Juwelenhändler hinzugezogen werden sollte.

„Was du nicht sagst", fragte der Richter, „ein Juwelenhändler statt eines Lehmarbeiters soll den Wert deiner Ware schätzen?"

„So ist es", antwortete Athanasios.

Dann zog er einen Lehmstein hervor, schlug ihn entzwei und hob den Edelstein, der zu Boden gefallen war, auf. Nun begriff der Richter, daß Athanasios, von dem man ihm zugeflüstert hatte, daß er ein Narr sei, die

Kaufleute angeführt hatte, und die Kaufleute begriffen es auch und haderten mit sich selbst. Aber was konnten sie tun? Der Richter ließ einen Juwelenhändler rufen, und der ging hin und schätzte, nachdem alle Lehmsteine zerschlagen waren, den Wert der Edelsteine. Darauf wurden die Kaufleute dazu verurteilt, dem Athanasios alles zu ersetzen.

Gleich nach der Ankunft des Schiffes hatte aber der Reiche, der Athanasios den Beutel Gold gegeben hatte, einen Boten geschickt, um Athanasios zu sagen, daß er von einem Handel mit ihm nichts mehr wissen wolle und daß er daher zufrieden wäre, wenn er ihm sein Geld zurückgebe. Darauf hatte Athanasios dem Boten einen anderen Beutel Gold übergeben und dem Reichen ausrichten lassen, auch er sei es so zufrieden.

Als aber der Reiche erfuhr, welchen Schatz die Schilfmatten dem Athanasios eingebracht hatten, ging er zu ihm und verlangte seinen Anteil. Doch Athanasios holte den Boten herbei, und der bezeugte, daß der Handel mit der Rückgabe des Geldes ungültig geworden sei.

Fortan wußte Athanasios nun nicht, ob er mehr Verstand im Kopf als Geld im Sack oder mehr Geld im Sack als Verstand im Kopf hatte. Aber das brachte ihn nicht um den Schlaf.

Das goldene Huhn

Es waren einmal ein Mann und eine Frau, die arbeiteten von früh bis spät und hatten doch oft nicht genug zu essen. Eines Nachts erschien dem Mann im Traum eine alte Frau, die sprach: „Gehe zu dem Lorbeerbaum, der in deinem Garten wächst. Dort wirst du das Glück finden. Damit es dir nicht fortläuft, mußt du es ohne zu zögern bei den Haaren packen. Es wird dir dann große Schätze versprechen. Du mußt aber sagen, daß du nichts von alledem willst und das goldene Huhn von ihm verlangen. Das Glück wird es dir nicht geben wollen. Darum halte es nur schön fest. Am Ende wird es dich dann zu dem goldenen Huhn führen."

Als der Mann erwachte, ging er in den Garten, zu dem Lorbeerbaum, fing das Glück ein und hielt es so lange fest, bis es ihn zu dem goldenen Huhn führte.

Das Huhn legte jeden Monat ein Ei, und als es bei dem Mann das erste gelegt hatte, sagte dieser zu seinem ältesten Sohn: „Da, nimm das Ei, verkaufe es und kaufe Brot für den Erlös."

Wie nun der Sohn mit dem Ei auf den Markt kam, trat ein Kaufmann zu ihm und fragte ihn: „Was verlangst du für das Ei?"

Da lachte der Jüngling und sagte: „Tausend Silberstücke."

Zu seiner Verwunderung führte der Kaufmann ihn in sein Haus und gab ihm, was er im Scherz verlangt hatte. Der Jüngling lief darauf eilends nach Hause, und als sein Vater das viele Geld sah, freute er sich über die Maßen und kaufte alles, was sie brauchten.

Nach einem Monat legte das Huhn wieder ein Ei, und der Jüngling trug es wieder auf den Markt, um es zu verkaufen. Da kam derselbe Kaufmann zu ihm und fragte ihn: „Was verlangst du für das Ei?"

Der Jüngling lachte und antwortete: „Zehntausend Silberstücke, nicht mehr und nicht weniger."

Der Kaufmann versuchte auch diesmal nicht, den Preis herunterzuhandeln. Er führte den Jüngling in sein Haus und gab ihm, was er verlangt hatte.

Wie mit diesen zwei Eiern, so ging es auch mit den anderen, die das Huhn legte. Der Jüngling verlangte für jedes Ei mehr als für das vorherige, und der Kaufmann gab ihm ohne Widerrede den genannten Preis. So gelangten die armen Leute zu großem Reichtum. Als sie aber ihr Haus mit allem ausgestattet hatten, was sie sich nur wünschen konnten, wurde es dem Mann langweilig, und er machte sich auf, um etwas von der Welt zu sehen. Kaum hatte er aber das Haus verlassen, da kam der Kaufmann zu der Frau und fragte sie: „Willst du mich nicht einmal bei dir zu Tisch laden?"

„Oh, das will ich gerne tun", antwortete die Frau, denn der Kaufmann gefiel ihr sehr.

„Wenn du aber nicht euer Huhn schlachtest, so komme ich nicht", sagte der Kaufmann.

„Nun", sagte die Frau, „wir haben die Eier, die es legt, längst nicht mehr nötig. Warum soll ich dir nicht den Gefallen tun!"

„Schlachte also das Huhn und schicke es zum Bäcker, damit er es in einen Teig hüllt. Vergiß aber nicht, den Kopf, das Herz und die Leber dazuzulegen, denn die esse ich am liebsten", sagte der Kaufmann.

Der Kaufmann wußte aber, daß derjenige, welcher den Kopf zu essen bekäme, König werden würde, und derjenige, welcher das Herz nähme, auch das Verborgendste sehen und hören könnte. Wer aber die Leber erhielte, der würde jeden Morgen tausend Piaster unter seinem Kopfkissen finden.

Die Frau tat alles so, wie es der Kaufmann gesagt hatte. Sie schlachtete das Huhn und schickte es zum Bäcker, damit er es in einen Teig hüllen und in den Ofen schieben sollte. Gegen Mittag schickte die Frau eine Magd zum Bäcker, um das Huhn zu holen. Und weil die Kirche am Wege lag, so trug sie der Magd auf, auch ihre drei Söhne dort abzuholen. Die Magd ging also hin, holte das Huhn vom Bäcker und die Söhne vor der Kirche ab, und die, hungrig wie sie waren, nahmen der Magd den Kopf, das Herz und die Leber des Huhnes fort und aßen alles auf.

Als der Kaufmann zum Essen kam und sich nach dem Kopf, dem Herz und der Leber umsah und sie nicht fand, fragte er, wo die Frau sie denn hingetan habe. Darauf erzählte die Magd, daß die Söhne hungrig gewesen seien und die drei Teile darum schon auf dem Weg gegessen hätten. Da geriet der Kaufmann in großen Zorn. Er schrie und tobte und schlug sich an den Kopf, aber es half ihm nichts. Und so ging er, ohne etwas von dem Huhn gegessen zu haben, nach Hause.

Die Frau hatte aber so großen Gefallen an dem Kaufmann gefunden, daß sie ihm nachging und versuchte, ihn wieder zu versöhnen. Doch der Kaufmann sagte: „Wenn du nicht deine Söhne tötest, so komme ich nicht wieder in dein Haus."

Da beschloß die Frau zu tun, was er verlangt hatte. Der Älteste, der das Herz der Huhnes gegessen hatte, sah und hörte aber alles. Darum sagte er zu seinen Brüdern: „Heute abend dürft ihr von dem, was uns die Mutter vorsetzt, nichts essen. Wenn ihr es aber doch tut, so werdet ihr sterben."

Als sie nun nach Hause kamen und die Mutter ihnen das Essen vorsetzte, sagte der Jüngste: „Wir sind nicht hungrig, wir haben schon gegessen."

Am anderen Tag kam der Kaufmann zu der Frau, um zu sehen, ob alles nach seinem Wunsch gegangen sei. Und als er die Kinder noch am Leben fand, schalt er die Frau so lange, bis sie ihm versprach, sie werde es das zweite Mal gewiß besser anstellen.

„Hört", sagte der Jüngling, der das Herz des Huhnes gegessen hatte, zu seinen Brüdern, „der Kaufmann wird keine Ruhe geben, und die Mutter wird tun, was er verlangt. Also ist es das Beste, wenn wir sie verlassen und in die Welt hinausgehen."

Die beiden anderen stimmten ihm zu, und so machten sie sich gleich auf den Weg. Nachdem sie eine Zeitlang gewandert waren, kamen sie in eine Stadt, in der man gerade den König zu Grabe trug. Dieser hatte vor seinem Tode bestimmt, daß man denjenigen zum neuen König wählen solle, der am Tag seiner Bestattung zuerst durch das Stadttor träte. Und das war der Jüngling, der den Kopf des Huhnes gegessen hatte; den führten die Stadtältesten nun in den Palast, und am anderen Tag ließen sie ihn zum neuen König ausrufen.

Als das geschehen war, sprach der mittlere der Brüder zu dem jüngsten: „Laß uns nun weiterziehen und unser Glück suchen. Vorher wollen wir aber jeder dem anderen eine Rose geben, und wenn eine Rose welkt, so soll er zu dem eilen, der sie ihm gegeben hat."

Danach nahmen die Brüder Abschied voneinander. Nach einiger Zeit kamen der Mittlere und der Jüngste in eine andere Stadt. Dort hatte der König bekanntmachen lassen, daß derjenige, welcher an dem und dem Tag als erster durch das Stadttor käme, seine Tochter zur Frau bekommen solle. Und das war der mittlere der Brüder. Kaum war er durch das Tor getreten, da führten ihn die Stadtältesten in den Palast, und der König gab ihm seine Tochter zur Frau.

Nach der Hochzeit sprach der Jüngste zu seinem Bruder: „So will ich denn weiterziehn und mein Glück suchen."

Er war aber noch nicht weit gekommen, da sah er, daß die Rose, die sein mittlerer Bruder ihm gegeben hatte, zu welken begann. Also ging er wieder zurück.

Der mittlere Bruder hatte währenddessen jeden Morgen unter seinem

Kopfkissen tausend Goldstücke gefunden. Seine Frau wunderte sich darüber und bat ihn so lange, ihr sein Geheimnis zu verraten, bis er es preisgab. Als ihr Mann nun eines Tages krank wurde, gab die Prinzessin ihm eine Medizin, und als er die eingenommen hatte, brach er die Leber, ohne daß er es merkte, aus. Seine Frau aber nahm sie, verließ damit das Gemach und verschluckte sie. Von da an lagen jeden Morgen unter ihrem Kopfkissen tausend Goldstücke.

Am ersten Morgen glaubte der Mittlere, daß seine Frau ihm die Goldstücke unter seinem Kopfkissen weggenommen habe. Wie er jedoch sah, daß es am zweiten Morgen nicht anders war, da begann er seine Frau auszufragen. Die machte aber nicht viel Umstände und jagte ihn fort.

Wie er nun die Stadt verließ, traf er mit dem jüngsten und dem ältesten Bruder zusammen. Der Älteste hatte an der Rose, die er von dem Mittleren erhalten hatte, ebenfalls gesehen, daß dieser in Not sei, und hatte sich auch auf den Weg gemacht, ihm beizustehen.

Der Mittlere erzählte seinen Brüdern nun, was sich zugetragen hatte, und die nahmen ihn mit sich, um miteinander zu beraten, was zu tun sei. Aber welchen Entschluß sie auch faßten, sie verwarfen ihn gleich wieder.

Nicht lange danach erkrankte die Frau des mittleren Bruders so schwer, daß kein Arzt ihr helfen konnte. Als das die Brüder hörten, wußten sie, was geschehen mußte. Der Jüngste verkleidete sich als Arzt, ging zu ihr hin und sagte, daß er ihr helfen könne, wenn sie die Medizin nehmen würde, die er bei sich habe.

Die Prinzessin dachte: ‚Wenn es nur kein Brechmittel ist.' Doch um keinen Verdacht zu erregen, nahm sie ohne Widerrede, was der vermeintliche Arzt ihr eingab. Und gleich danach brach sie die Leber des goldenen Huhnes aus. Der jüngste Bruder nahm sie und eilte damit zu dem mittleren. Zuvor vergalt er der Prinzessin aber noch Böses mit Gutem. Er gab ihr eine andere Medizin, die sie von ihrer Krankheit heilte.

Als die drei Brüder wieder beisammen waren, gingen sie miteinander in das Königreich des ersten, der regierte das Land, und die beiden anderen richteten fortan über das Volk mit großer Gerechtigkeit und Weisheit, so daß sie den Namen ‚Die gerechten Richter' erhielten.

Doch nun wollen wir die Brüder verlassen und uns nach deren Eltern umsehen.

Nachdem der Vater genug von der Welt gesehen hatte, sehnte er sich nach seiner Frau und seinen Söhnen. Als er aber nach Hause kam, fand er sein Haus ganz verfallen, und außer seiner Frau war niemand darin. Da fragte er: „Was ist aus unseren Söhnen und aus unseren Reichtümern geworden?"

„Unsere Söhne sind gestorben, aber unsere Reichtümer haben sie vorher noch in Saus und Braus verpraßt."

„Was sagst du da?" rief der Mann. „Wie soll ich das glauben! Laß uns vor die gerechten Richter gehen!"

„Gut", sagte die Frau, „laß uns gehen."

Sie machten sich also auf und kamen vor die gerechten Richter, und die erkannten sogleich, daß es ihre Eltern waren. Sie ließen sich aber nichts anmerken und forderten den Vater auf, sein Anliegen vorzutragen. Als sie nun alles gehört hatten, fragte der jüngste Bruder die Mutter, ob es denn wahr sei, daß ihre drei Söhne gestorben wären.

Und die Mutter sagte: „Es ist wahr."

Darauf fragte der Mittlere: „Wolltest du deine Söhne nicht töten, und sind sie darum nicht in die Fremde gegangen?"

Der Älteste aber rief: „Sieh uns an! Erkennst du uns nicht? Wir sind deine Söhne!"

Da machte die Mutter, daß sie davonkam, der Vater aber blieb bei seinen Söhnen, und zusammen lebten sie nun glücklich und zufrieden.

Die Lügenwette

Es war einmal ein König, der hatte drei Söhne, und als er starb, hinterließ er ihnen weiter nichts als sein Pferd und dessen Sattelzeug. Wie die Söhne nun miteinander teilten, erhielt der älteste den Zaum, der mittlere den Sattel und der jüngste das Pferd.

Tags darauf ging der Älteste in eine andere Stadt, um seinen Zaum zu verkaufen. Als er dort ankam, rief er seinen Besitz zum Verkauf aus, aber niemand kam herbei. So ging er den ganzen Tag, bis es Abend wurde. Da rief ihm ein Bartloser zu, er solle zu ihm in sein Haus kommen. Und nachdem der Prinz eingetreten war, bot der Bartlose ihm eine Wette an. Er sagte: „Wir wollen einmal sehen, wer von uns am besten lügen kann. Bin ich es, so erhalte ich deinen Zaum, bist du es aber, so gebe ich dir mein Haus."

Der Prinz hatte nichts gegen die Wette, und so begann er, eine Menge Lügen zu erzählen. Nach einer Weile fiel ihm aber nichts mehr ein. Da fragte ihn der Bartlose: „Weißt du denn nichts mehr?"

„Nein", antwortete der Prinz, „und darum ist die Reihe nun an dir."

Darauf erzählte der Bartlose: „Ich hatte einmal einen Esel, der fraß so viele Kürbisse, daß er davon platzte. Ehe ich mich aber versah, wuchs aus seinem Bauch eine Kürbispflanze, und die wuchs so lange, bis sie an den Himmel stieß. Da überlegte ich nicht erst, sondern stieg hinauf und schaute mir den Himmel an, bis ich genug davon hatte und wieder hinunterstieg. Nun?" fragte der Bartlose, „so sage mir, ob du mich im Lügen übertroffen hast!"

„Du hast mich übertroffen!" sagte der Prinz.

Dann gab er dem Bartlosen seinen Zaum und ging seiner Wege.

Am anderen Tag machte sich der mittlere Königssohn auf, um seinen Sattel zu verkaufen. Und wie er in die Stadt kam, gelangte er auch vor das Haus des Bartlosen, und der schloß mit ihm dieselbe Wette und gewann ihm den Sattel ab.

Der jüngste Königssohn wartete eine Woche, dann machte auch er sich auf den Weg, um sein Pferd in der Stadt zu verkaufen. Als er dort am Haus des Bartlosen vorüberritt, fragte ihn der, ob er eine Wette mit ihm abschließen wolle. Und nachdem er die Bedingungen genannt hatte, sagte der Prinz: „Gut, ich will die Wette eingehen, aber du mußt anfangen."

Da fing der Bartlose an und erzählte die Geschichte mit dem Kürbis, und als er fertig war, fragte der Prinz: „Sind das alle deine Lügen?"

„Ja", antwortete der Bartlose, „und darum fang du nun an."

Darauf erzählte der Prinz: „Als ich geboren wurde, hatte ich keine Mutter. Ich war damals gerade hundertzehn Jahre alt, meine Mutter aber war schon hundert. Als ich hierherritt, kam ich an einen Brunnen, und als ich mich bückte, um hineinzusehen, fiel mir der Kopf herunter, ohne daß

ich es merkte. Wie ich nun weiterzog, sah ich zwei Pilger unter einem Farnkraut sitzen, und während ich an ihnen vorüberging, sagte der eine zum anderen: ‚Du, sieh einmal, da geht einer, der hat keinen Kopf.‘ Da merkte ich erst, daß mein Kopf in den Brunnen gefallen war. Ich ging also zum Brunnen zurück..."

„Halt ein!" rief der Bartlose. „Du hast gewonnen!"

Danach überließ er dem Prinzen sein Haus, und der lebte darin herrlich und in Freuden.

Die Schlange

Es war einmal ein Kaufmann, der lebte mit seiner Frau und seinen drei Töchtern in großem Reichtum. Nachdem aber seine Frau gestorben war, kam das Unglück über sein Haus. Er verlor nicht nur seine zwölf Schiffe, sondern mußte, um seine Schulden zu bezahlen, auch seine anderen Besitztümer verkaufen. Am Ende blieb ihm nur ein Häuschen auf dem Lande. Dort wollte er sich nun niederlassen und das tägliche Brot durch seiner Hände Arbeit verdienen. Doch die zwei ältesten Töchter mochten nicht mit aufs Land ziehen. Darum brachte er sie bei Verwandten unter und nahm die Jüngste mit sich. Die machte sich bald in dem Garten nützlich, der bei dem Häuschen war. Und der Vater trug das Obst und das Gemüse, das darin wuchs, auf den Markt. Dies ging so drei Jahre lang. Im vierten Jahr kamen aber drei der zwölf Schiffe wieder zurück. Da beschloß der Kaufmann, eins davon zu besteigen und, wie ehedem, Handel zu treiben. Als seine beiden ältesten Töchter davon erfuhren, gingen sie zu ihrem Vater und baten ihn, für jede von ihnen einen Unterrock mitzubringen.

„Und du, meine Tochter?" fragte der Kaufmann die Jüngste, „welchen Wunsch hast du?"

„Ich habe keinen anderen Wunsch, als daß dein Schiff die Reise unbeschadet übersteht", antwortete die Jüngste.

Weil aber ihr Vater sie drängte, ihm doch zu sagen, was ihr lieb wäre, sagte sie endlich: „So bring mir drei Rosen von deiner Reise mit."

Nun gut, der Vater ritt fort, kam zu seinen Schiffen, ließ die Waren an Land bringen und die Schiffe mit anderer Ware beladen. Damit fuhr er in ein fremdes Land, und dort erzielte er für die Ladung einen hohen Preis. Er vergaß darüber aber nicht die Wünsche seiner Töchter und kaufte also für die beiden ältesten die Unterröcke, doch die Rosen für die jüngste fand er trotz langen Suchens nicht. Als er nun das Pferd, das ihm ein Bauer gegen ein gutes Entgelt geliehen hatte und mit dem er von einem Markt zum anderen geritten war, zum Schiff zurücktrieb, wurde er von einem heftigen Hagelsturm überrascht, so daß er sich die Kapuze über den Kopf zog und das Pferd gehen ließ, wohin es wollte. Das lenkte seine Schritte zu einem Tor und blieb davor stehen. Da schlug der Kaufmann seine Kapuze zurück, und als er das Tor und dahinter ein Haus erblickte, war er froh, daß er ein Obdach gegen das Unwetter gefunden hatte.

Nachdem das Pferd sicher untergebracht war, ging er in das Haus und setzte sich im ersten Zimmer auf den Diwan. Da wurde Kaffee und Zuckerwerk vor ihn hingestellt, ohne daß er irgend jemand zu Gesicht bekam. Wie nun der Kaufmann von dem Kaffee getrunken und von dem Zuckerwerk gegessen hatte, stand er auf und ging von einem Zimmer in das andere, um den Hausherrn zu suchen und sich bei ihm zu bedanken. Weil er aber niemand fand und es inzwischen aufgehört hatte zu regnen, trat er aus dem Haus. Da sah er im Garten einen Rosenbusch mit drei Rosen an einem Zweig. Und ohne lange zu zögern, ging er hin und brach den Zweig ab. Darauf erschien eine Schlange vor ihm, die sprach: „O du undankbarer Mensch! Genügt es dir nicht, daß ich dich vom Tod errettet und dich freundlich in meinem Haus bewirtet habe? Mußtest du auch noch meine Rosen abpflücken, um sie in deinen Besitz zu bringen?“ Und ohne, daß die Schlange den Kaufmann zu Wort kommen ließ, fuhr sie fort: „Gib nun acht, was ich dir sage! Du hast drei Töchter, die jüngste von ihnen sollst du mir bringen. Doch denke nicht daran, mich zu betrügen, denn ich würde dich aufsuchen und neues Unglück über dein Haus kommen lassen.“

Der Kaufmann fürchtete sich vor der Schlange und sagte: „Es sei, wie du es willst! In vierzig Tagen werde ich dir meine jüngste Tochter bringen.“

Darauf bestieg er das Pferd und ritt seines Weges, bis er zu den Schiffen kam. Als er zu Hause anlangte, kamen ihm seine ältesten Töchter entgegen und verlangten ihre Unterröcke, die jüngste blieb bescheiden zurück.

„Komm, meine liebe Tochter“, sagte der Kaufmann, „ich habe auch deinen Wunsch erfüllt.“

Doch während er dem Mädchen die Rosen übergab, brach er in Tränen aus. Da fragte ihn die Jüngste: „Warum weinst du, Vater?“

Und der Vater erzählte von Anfang bis Ende, was ihm zugestoßen war. Als die beiden Ältesten das vernahmen, verhöhnten sie die Jüngste, und die Mittlere rief: „Du hochmütiges Ding! Hätte dir nicht auch ein Unterrock genügt?“

Die Jüngste achtete aber nicht auf die Worte ihrer Schwestern, sondern fragte den Vater, welche Frist ihm die Schlange gesetzt habe.

„Vierzig Tage, liebe Tochter“, antwortete der Vater.

Darauf ging die Jüngste in den Garten und tat, als sei nichts geschehen, ihre Arbeit. Zwei Tage, bevor die Frist verstrichen war, trat sie aber vor ihren Vater und sprach: „Sattle die Pferde, denn es ist Zeit, daß wir uns dorthin begeben, wo man uns erwartet.“

„Sollte ich dich denn wirklich deinem Tod entgegenführen?“ entgegnete der Vater.

„Ach was“, sprach das Mädchen. „Die Schlange wird mir schon nichts anhaben!“

Danach nahm es Abschied von den Schwestern, stieg auf sein Pferd und ritt mit dem Vater bis ans Meer. Von dort aus gelangten sie mit dem Schiff in das fremde Land. Da standen zwei andere Pferde für sie bereit, die trugen sie zu dem Haus der Schlange.

„Nun gut", sprach die Schlange, „wie ich sehe, hast du mir deine jüngste Tochter gebracht. Darum soll dein Haus vor neuem Unglück bewahrt bleiben."

Dann verabschiedete sie den Kaufmann. Der kehrte traurig nach Hause zurück, und dort überfiel ihn alsbald eine schwere Krankheit.

Lassen wir aber den Vater und hören wir, wie es seiner Tochter bei der Schlange erging.

Die Schlange pflegte sich, wenn das Mädchen aß, auf seinen Schoß zu legen und es zu fragen: „Sag, willst du mich zum Mann nehmen?"

Und das Mädchen antwortete stets: „Nein, ich fürchte mich vor dir."

Wie es nun einmal vor seinem Tischchen saß, öffnete es die Schublade und fand darin einen Spiegel, in dem man die ganze Welt sehen konnte. Und so sah es auch seinen Vater, der krank auf seinem Bett lag. Da begann das Mädchen so laut zu weinen und zu klagen, daß die Schlange es hörte und sogleich herbeikam und fragte: „Was fehlt dir denn? Bin ich etwa nicht gut zu dir?"

„Sieh in den Spiegel", rief das Mädchen, „er zeigt dir, daß mein Vater dem Tode nahe ist."

Die Schlange blickte in den Spiegel, und als sie sah, daß das Mädchen die Wahrheit gesprochen hatte, hielt sie ihm einen Ring hin und sagte: „Stecke ihn an den Finger und sage mir, wie lange du fortbleiben willst."

„So lange, bis mein Vater wieder gesund ist", antwortete das Mädchen.

„Dein Vater wird gesund sein, sobald er dich erblickt", sagte darauf die Schlange. „Ich gebe dir aber eine Frist von einunddreißig Tagen. Kommst du bis dahin nicht zurück und bleibst nur einen Tag länger, so findest du mich tot."

„Das verhüte der Himmel!" rief das Mädchen aus. „Sei gewiß, daß ich vor Ablauf der Frist wieder bei dir bin."

„Nun wohl", sagte die Schlange, „iß erst noch dein Mittagessen. Danach werde ich dir sagen, was du weiter zu tun hast."

Und nachdem das Mädchen sein Mittagessen verzehrt hatte, fuhr die Schlange fort: „Lege dich in dein Bett und nimm den Ring in den Mund. Dann wird sich tiefer Schlaf über dich senken, und wenn du wieder erwachst, so wirst du im Haus deines Vaters sein."

Das Mädchen tat, wie die Schlange es ihm gesagt hatte. Es legte sich in sein Bett und steckte den Ring in den Mund. Danach fiel es in einen tiefen Schlaf, und als es erwachte, war es im Haus seines Vaters. Und der wurde, kaum daß er seine jüngste Tochter erblickt hatte, wieder gesund und wollte sogleich von ihr wissen, wie es ihr bei der Schlange ergangen sei. Da erzählte das Mädchen nun auch, daß die Schlange sich beim Essen auf seinen Schoß lege und sie frage, ob es sie zum Mann nehmen wolle.

„Und welche Antwort pflegst du der Schlange zu geben?" fragte der Vater.

„Ich sage ihr stets, daß ich mich vor ihr fürchte", antwortete das Mädchen.

„So sage doch einmal, daß du sie zum Mann nehmen willst. Wir wollen doch sehen, was dann daraus wird", riet der Vater.

Das Mädchen versprach, dem Rat des Vaters zu folgen. Als aber die Schwestern ihm zusetzten, nicht wieder zu der Schlange zurückzukehren, da sagte es: „Warum sollte ich die Schlange sterben lassen, die sich uns bisher so hilfreich gezeigt hat!"

Und als der dreißigste Tag vergangen war, nahm es Abschied von seinem Vater und seinen Schwestern, steckte den Ring in den Mund, und gleich darauf befand es sich wieder im Haus der Schlange. Wie die das Mädchen erblickte, setzte sie ihm Kaffee und Zuckerwerk vor, legte sich auf seinen Schoß und fragte: „Sag, willst du mich zum Mann nehmen?"

„Ei, freilich will ich dich zum Mann nehmen!" antwortete das Mädchen, so wie der Vater es ihm geraten hatte.

Da warf die Schlange ihre Haut ab, und vor dem Mädchen stand ein schöner Königssohn. Zugleich verwandelte sich auch das Haus in ein prächtiges Schloß, in dem die Diener hin und her eilten.

Das Mädchen war über die Maßen froh, daß es die rechte Antwort gegeben hatte. Es ließ seinen Vater und seine Schwestern kommen und hielt mit dem Königssohn Hochzeit, und die dauerte vierzig Tage und Nächte.

Der treue Fischerssohn

Es waren einmal ein König und eine Königin, die hatten keine Kinder. Weil der König darüber sehr traurig war, sann die Königin auf eine List. Sie hatte erfahren, daß die Frau des Fischers, der hinter dem Schloß seine Hütte hatte, jedes Jahr ein Kind gebar.

Eines Morgens, als der König noch schlief, ging die Königin zu der Fischersfrau und sagte zu ihr: „Wenn du mir das Kind, das du in diesem

Jahr gebären wirst, gibst, so will ich dich reich belohnen und das Kind wie mein eigenes halten."

Die Fischersfrau wußte nicht, was sie tun sollte. Nachdem sie sich aber mit ihrem Mann beraten hatte, ging sie zur Königin und sagte: „Es sei, wie du es willst."

Als nun die Zeit um war und die Fischersfrau einen Sohn gebar, eilte noch in derselben Nacht eine Dienerin in die Hütte, die holte das Kind, und die Königin gab es für ihr eigenes aus. Der König, der sich außer Land befand, geriet als er zurückkam in große Freude und veranstaltete ein großes Fest, zu dem alle Vornehmen des Landes geladen wurden.

Wie aber zwei Jahre vergangen waren, gebar die Königin selbst einen Sohn. Doch sie verstieß darum den Sohn des Fischers nicht, sondern hielt ein Kind wie das andere. Und die Kinder liebten einander bald so sehr, daß keins ohne das andere sein mochte. Sie spielten und lernten zusammen und blieben Tag und Nacht beieinander.

Als sie zu stattlichen Jünglingen herangewachsen waren, traten sie eines Tages vor den König und baten ihn um die Erlaubnis, in die Welt ziehen zu dürfen, um fremde Länder und Sitten kennenzulernen. Der König hatte nichts dagegen einzuwenden, und so zogen sie denn los.

Nachdem sie eine Zeitlang gewandert waren, kamen sie in eine große Stadt. Dort gefiel es ihnen so gut, daß sie beschlossen, eine Weile zu bleiben.

Einige Tage nach ihrer Ankunft gaben die jungen Herren der Stadt ihnen zu Ehren ein Gastmahl, und dabei kam die Rede auch auf die Schönheit der Frauen. Als sie darüber dies und das gesagt hatten, sprach einer der Fürstensöhne: „So schön, wie die Tochter des Goldschmieds, die mit einer goldenen Krone auf dem Kopf in ihrem Zimmer sitzt und mit einem goldenen Apfel spielt, gibt es keine, noch wird es jemals eine geben."

Da stimmten ihm alle Anwesenden bei. Der Königssohn wollte fortan weder essen noch trinken, noch mit jemandem reden. Als der Fischerssohn das lange genug mit angesehen hatte, bat er den Königssohn, ihm die Ursache seines Kummers zu nennen. Der versuchte, ihn mit harten Worten zurückzuweisen, doch der Fischerssohn setzte ihm solange zu, bis der andere ihm endlich sein Leid anvertraute und klagte, daß ihn die Sehnsucht nach der schönen Unbekannten wohl noch das Leben kosten werde.

Als der Fischerssohn einsah, daß er den Bruder nicht auf andere Gedanken bringen konnte, ging er hin, mietete ein Haus in der Nähe des Goldschmieds und ließ von geschickten Arbeitern einen Gang graben, der in das Haus des Goldschmieds führte. Dieses Haus hatte sieben Zimmer, und im letzten wohnte das schöne Mädchen. Die Türen der sieben Zimmer waren alle verschlossen, und die Schlüssel verwahrte der Goldschmied, der vor dem Haus seine Werkstatt hatte.

Wie nun der Gang fertig war, schlüpfte der Fischerssohn hinein und gelangte alsbald in das Zimmer des Mädchens. Das erschrak bei dem Anblick des Fremden. Doch der sagte: „Fürchte dich nicht! Ich bin der Sohn eines Königs und bin vor kurzem in diese Stadt gekommen. Hier hat man mir so viel von deiner Schönheit erzählt, daß es mich um meinen Schlaf gebracht hat. Darum ließ ich einen Gang graben, durch den ich zu dir gelangt bin."

Dem Mädchen gefiel der junge Fremde, doch als er es bat, ihm seinen goldenen Apfel für eine kurze Zeit zu überlassen, da er sich einen ähnlichen machen lassen wolle, um ihn in sein Königreich mitzunehmen, sagte es: „Den Apfel kann ich dir nicht geben, denn wenn mein Vater davon erfährt, würde es schlimm um mich stehen!"

Der Fischerssohn versprach aber, den Apfel zurückzubringen, bevor der Goldschmied alle sieben Schlösser geöffnet hätte. Darauf gab ihm das Mädchen, was er verlangte.

Nun ging der Fischerssohn zum Goldschmied, hielt ihm den Apfel hin und sagte: „Fertige mir einen an, der genauso aussieht wie dieser."

Der Goldschmied betrachtete den Apfel von allen Seiten, und je länger er ihn ansah, desto mehr war er davon überzeugt, daß dies sein eigener sein müsse. Daher sagte er zu dem Fischerssohn: „Diesen Apfel habe ich selbst angefertigt."

„Ei was!" rief der Fischerssohn. „Bist du denn der einzige Goldschmied in der Welt?"

Da stand der Goldschmied auf und nahm die sieben Schlüssel, um nachzusehen, ob seine Tochter ihren Apfel noch habe oder nicht. Bevor er aber die Schlösser der sieben Türen aufgeschlossen hatte, war der Fischerssohn erneut durch den Gang in das siebente Zimmer gelangt und hatte dem Mädchen den Apfel wiedergebracht. Endlich kam auch der

Goldschmied in das Zimmer, und wie seine Tochter ihn sah, fragte sie, was er denn zu so ungewohnter Zeit bei ihr wolle.

Darauf antwortete er: „Was soll ich dir sagen, mein Kind! Vorhin kam ein Fremder zu mir in die Werkstatt und zeigte mir einen Apfel, der dem, den ich für dich geschmiedet habe, so ähnlich war, daß ich nachsehen wollte, ob er noch in deinem Besitz ist."

Da hielt ihm seine Tochter ihren Apfel hin und sagte: „Kann denn nicht auch ein anderen einen solchen Apfel besitzen?"

Was sollte der Goldschmied darauf sagen? Er verschloß die Tür, um wieder hinunter in seine Werkstatt zu gehen. Ehe er aber alle Türen geöffnet und verschlossen hatte, war der Fischerssohn schon wieder mit dem Apfel in der Hand dort. Und da der Goldschmied nun meinte, daß sein Argwohn ohne Grund gewesen sei, nahm er die Bestellung an und versprach, den Apfel so rasch wie möglich zu schmieden.

Als der Apfel fertig war, ging der Fischerssohn wiederum zu dem Mädchen und bat es, ihm seine Krone zu geben.

„Was willst du denn mit der Krone anfangen?" fragte ihn das Mädchen.

„Ich will mir eine ähnliche anfertigen lassen, um sie in mein Königreich mitzunehmen", antwortete der Fischerssohn.

Das Mädchen wollte ihm anfangs die Krone nicht geben. „Denn wenn mein Vater sie nicht bei mir findet, wird es schlimm um mich stehen", sagte es.

Doch der Fischerssohn versprach, mit der Krone wieder zurück zu sein, bevor der Goldschmied alle sieben Türen aufgeschlossen hätte. Und so gab es ihm die Krone.

Darauf ging der Fischerssohn in die Werkstatt und bat den Goldschmied, ihm eine Krone anzufertigen, die der, die er bei sich habe, bis ins einzelne gleichen solle.

Der Goldschmied nahm die Krone, und als er sie von allen Seiten betrachtet hatte, sagte er: „Diese Krone habe ich selbst angefertigt."

Dann nahm er die sieben Schlüssel und ging in das Haus, um nachzusehen, ob seine Tochter noch ihre Krone habe. Bevor er aber die sieben Türen geöffnet hatte, brachte der Fischerssohn das Kleinod zurück und versteckte sich.

Als nun der Goldschmied zu seiner Tochter kam und die Krone auf ihrem Kopf sah, wunderte er sich sehr und sagte: „Ich weiß nicht, was ich dazu sagen soll. Soeben hat mir der Fremde, der den Apfel bei mir bestellte, eine Krone gebracht, die deiner so ähnlich sieht, als wäre sie es.“

„Ach“, erwiderte das Mädchen, „was setzt du dir Grillen in den Kopf! Wie könnte nur jemend hierher kommen und mir meine Krone stehlen?“

Da ging der Goldschmied in seine Werkstatt zurück, und dort war wieder der Fischerssohn mit der Krone in der Hand. Nachdem sie über den Preis einig geworden waren, sagte der Fischerssohn: „Die Krone muß bis morgen fertig sein.“

Wie er dem Mädchen nun die Krone wieder zurückgebracht hatte, erklärte er, daß er ohne es nicht mehr leben und es darum in sein Königreich mitnehmen wolle.

Dem Mädchen war das abgeschiedene Leben, das es bei seinem Vater führen mußte, längst leid. Darum erklärte es sich einverstanden und legte das Notwendigste, das es für die Reise mitnehmen wollte, zurecht.

Tags darauf ging der Fischerssohn wieder in die Werkstatt, und nachdem er die Krone in Empfang genommen und den verlangten Preis bezahlt hatte, sprach er zum Goldschmied. „Morgen abend werde ich Hochzeit halten. Und da ich hier sonst niemand kenne, bitte ich dich, den Brautführer zu machen.“

„Was sollte ich dagegen einwenden?“ sagte der Goldschmied.

Am Abend ging er aber zu seiner Tochter und erzählte ihr, daß der Fremde, für den er den Apfel und die Krone angefertigt habe, ihn zum Brautführer gewählt, daß er jedoch keine Lust habe hinzugehen.

„Was bist du nur für ein Mensch“, sagte das Mädchen. „Da erweist dir einer eine solche Ehre, und du willst sie nicht annehmen?“

Und es redete auf den Vater ein, bis dieser sich umstimmen ließ.

Am anderen Morgen nahm der Fischerssohn den Prinzen bei der Hand, führte ihn durch den Gang zu der Tochter des Goldschmieds und sagte zu ihr: „Siehe, nicht ich, sondern dieser hier kann ohne dich nicht mehr leben.“

Dem Mädchen fiel es nicht schwer, dem Prinzen seine Zuneigung zu schenken, und so wurde denn abgemacht, daß es am Abend an den Strand gebracht und dort mit dem Prinzen vermählt werden sollte.

Als es dunkel geworden war, holte der Fischerssohn das Mädchen ab und brachte es auf das Schiff. Darauf schickten sie nach dem Goldschmied, daß er zur Hochzeit kommen solle, und als der Ärmste kam und die Braut sah, dachte er bei sich: ‚Aber das ist ja meine Tochter.' Darum sagte er: „Ich habe etwas vergessen. Ihr müßt mit der Hochzeit noch warten."

Bevor der Goldschmied jedoch die sieben Zimmer seines Hauses geöffnet hatte, war seine Tochter durch den Gang in ihr Zimmer geschlüpft. Und als der Goldschmied dort eintrat, saß sie, mit der goldenen Krone auf dem Kopf, im Sessel und spielte mit dem goldenen Apfel.

„Nun", fragte sie ihren Vater, „ist die Hochzeit schon vorbei?"

Darauf erzählte ihr der Goldschmied, wie es ihm ergangen war, und daß er nur hergekommen sei, um zu sehen, ob sie nicht etwa die Braut wäre.

„Bist du denn von Sinnen!" rief das Mädchen. „Soll sich alle Welt über dich lustig machen? Sieh nur zu, daß du so schnell wie möglich wieder auf das Schiff kommst."

Weil der Goldschmied nun meinte, daß er sich geirrt haben müsse, ging er wieder an den Strand und stieg auf das Schiff. Bevor er aber alle sieben Türen verschlossen hatte, war seine Tochter durch den Gang geschlüpft und vor ihm auf das Schiff zurückgekehrt.

Als der Goldschmied dorthin kam, und sie neben dem Prinzen sitzen sah, dachte er: ‚Diese und keine andere ist meine Tochter!'

Darum sagte er wieder, daß er etwas vergessen habe und darum noch einmal in sein Haus gehen müsse. Dort erging es ihm aber nicht anders als das erste Mal. Also lief er auf das Schiff zurück. Und als er seine Tochter vor sich sitzen sah, bedachte er sich und sprach: „Ich bin doch ein wahrer Narr. Gibt es nicht Menschen, die einander ähnlich sehen?"

Dann nahm er die Brautkrone und hielt sie während der Trauung über den Prinzen und seine Tochter.

Nachdem die Trauung vollzogen war, wurden die Anker gelichtet, und das Schiff fuhr ab. Der Goldschmied aber ging nach Hause, und dort mußte er bald einsehen, daß er sich hatte täuschen lassen. Da sprach er zu seinen Augen: „Hört, ihr Augen, wofür habe ich euch denn? Was soll ich noch mit euch anfangen, wenn ihr nicht recht sehen wollt?"

Und er riß sich beide Augen aus. Die verwandelten sich aber in zwei Vögel und flogen zum Fenster hinaus auf das Schiff, auf dem sich die

Tochter des Goldschmieds befand. Dort setzten sie sich auf den Mast, und der eine sprach zum anderen: „Diese junge Frau wird bald Witwe werden."

Wie soll das geschehen?" fragte der andere.

„Wenn ihr Mann in seinem Land ankommt", sagte der erste, wird man dort zur Feier seiner Wiederkehr mit Kanonen schießen, und da wird ihn eine Kugel treffen. Doch wenn er einen Bruder hat, der ihn von ganzem Herzen liebt, so wird ihm nichts geschehen. Wer aber diese meine Worte hört und sie nicht für sich behält, der soll bis zu den Knien zu Stein werden. Doch damit nicht genug! Denn wenn der Prinz und seine junge Frau in die Stadt einziehen wollen, wird man ihnen zwei Pferde zuführen. Das Pferd des Prinzen wird sich aber wie toll gebärden und seinen Reiter abwerfen, so daß dieser sich zu Tode stürzt. Doch wenn er einen Bruder hat, der ihn von Herzen liebt, so wird ihm nichts geschehen. Wer aber diese meine Worte hört und sie nicht für sich behält, der soll bis zu den Hüften zu Stein werden. Doch damit aber nicht genug! Denn wenn sie vor das Schloß kommen, wird eine Hündin den Prinzen anspringen und ihn beißen, und davon wird er sterben. Doch wenn er einen Bruder hat, der ihn von Herzen liebt, so wird ihm nichts geschehen. Wer aber diese meine Worte hört und sie nicht für sich behält, der soll ganz bis zum Kopf zu Stein werden. Doch damit nicht genug! Denn wenn der Prinz und seine junge Frau sich zu Bett legen wollen, wird ein Ungeheuer von der Decke herabkommen und den Prinzen verschlingen. Doch wenn er einen Bruder hat, der ihn von ganzem Herzen liebt, so wird ihm nichts geschehen. Wer aber diese meine Worte hört und sie nicht für sich behält, dem wird auch der Kopf zu Stein werden."

Der Fischerssohn hatte alles, was die Vögel sprachen, mitangehört. Er verriet jedoch niemandem etwas davon.

Als sie nun in ihrem Königreich ankamen, schickte er einen Boten in die Stadt, der dem König sagen sollte, daß man nicht mit den Kanonen schießen solle, und als sie an Land kamen und dort die Pferde vorfanden, auf denen sie in die Stadt reiten sollten, wies er sie zurück.

„Ei", sagte die junge Frau zu dem Prinzen, „was ist dein Bruder für ein sonderbarer Mensch."

Wie sie aber vor das Schloß kamen, sprang eine Hündin den Prinzen an.

Da zog der Fischerssohn sein Schwert und schlug ihr den Kopf ab. Und darüber geriet die junge Frau in großen Zorn.

Als der Prinz am Abend mit seiner jungen Frau schlafen gehen wollte, folgte ihnen der Fischerssohn in das Gemach, warf ein Schlafkraut über sie und hielt Wache. Und um Mitternacht kam ein Ungeheuer von der Decke herab. Doch ehe es sich auf den Prinzen stürzen und ihn verschlingen konnte, zog der Fischerssohn sein Schwert und tötete es.

Am anderen Morgen kam die alte Königin in das Schlafgemach, und als sie es voller Blut fand, glaubte sie, daß ihr Sohn ermordet sei. Da rief sie: „Das hat kein anderer als sein neidischer Bruder getan!"

Dieser wurde darüber so zornig, daß er rief: „Viermal habe ich deinen Sohn und meinen Bruder vor dem Tode bewahrt!"

Und dann erzählte er, was er von den Vögeln gehört hatte und wie es danach zugegangen war. Und als er alles erzählt hatte, wurde er ganz und gar zu Stein. Da mochte die Königin jammern und klagen. Es nützte ihr nichts.

Wie nun aber der Prinz und seine junge Frau aus ihrem tiefen Schlaf erwachten und hörten, was geschehen war, nahmen sie den steinernen Fischerssohn und stellten ihn im schönsten Gemach des Schlosses auf. Dort stand er stumm und taub, und wenn einer zu ihm kam, so sah man wohl, daß er ihn erkannte.

Der jungen Frau tat der Fischerssohn aber so leid, daß von der Zeit an, da er zu Stein geworden war, kein Lächeln mehr über ihre Lippen kam und sich eine große Schüssel mit ihren Tränen füllte.

Als drei Jahre vergangen waren, ging sie mit der Schüssel in das Gemach, in dem der steinerne Fischerssohn stand, und goß ihre Tränen über ihn. Und was sie erhofft hatte, geschah. Der Fischerssohn wurde von seinem Zauber erlöst, und fortan lebten sie alle glücklich und zufrieden.

Die Prinzessin unter der Erde

Es war einmal ein König, der besaß große Reichtümer, die verteilte er, bevor er starb, an seine drei Söhne. Die beiden Ältesten lebten davon in Saus und Braus, bis nichts mehr übrig war und sie ins Elend gerieten. Der Jüngste dagegen wußte mit seinem Anteil so geschickt umzugehen, daß dieser sich von Jahr zu Jahr vermehrte, und als ihm seine Frau eine wunderschöne Tochter schenkte, hielt er sein Glück für vollkommen. Weil er aber eines Tages zu fürchten begann, daß seiner Tochter etwas zustoßen könnte, ließ er ihr einen Palast unter der Erde bauen. Und als es an der Zeit war, sie zu verheiraten, schickte er Boten ins ganze Land, die verkündeten, daß er demjenigen seine Tochter zur Frau geben wolle, der imstande sei, sie zu finden. Wer sich aber bewerbe und sie nicht finde, der verliere seinen Kopf.

Nachdem schon viele den Tod gefunden hatten, kam es einem jungen Mann in den Sinn, den Versuch zu wagen. Er ging also zu einem Hirten und bat ihn, das Lamm mit dem goldenen Vlies zu schlachten, es abzuziehen, ihn in das Fell einzunähen und zum König zu führen. Der Hirt ließ sich überreden. Er schlachtete das Lamm mit dem goldenen Vlies, zog es ab, nähte den jungen Mann in das Fell ein und führte ihn zum König.

Als der König das Lamm sah, fragte er: „Was verlangst du dafür?"

„Ich verlange nichts, denn ich kann es nicht verkaufen. Wenn du aber gefallen daran findest, so will ich es dir gern für drei Tage borgen", antwortete der Hirt.

Der König nahm das Lamm, versprach, es dem Hirten wiederzugeben und führte es durch das ganze Schloß, bis vor eine eiserne Tür. Dort rief er: „Tartara, Martara, öffne dich!"

Darauf öffnete sich die Tür von selbst, und über eine Treppe gelangten sie in den Palast der Prinzessin. Die Prinzessin hatte große Freude an dem Lamm und bat ihren Vater, es ihr zu lassen.

„Ich lasse es dir, aber in drei Tagen muß ich es wiederhaben", sagte der König.

Dann ging er seiner Wege.

In der folgenden Nacht riß der junge Mann das Fell auf und streifte es ab. Wie die Prinzessin ihn sah, wunderte sie sich sehr und fragte: „Warum bist du hierhergekommen?"

Da antwortete er: „Um dich zu finden, haben schon viele ihr Leben verloren. Ich will mein Leben behalten und dich für mich gewinnen. Darum ersann ich diese List."

„Ei", rief die Prinzessin, „das hast du gut gemacht! Aber du mußt wissen, daß es damit noch nicht genug ist. Denn wenn du vor meinen Vater trittst und ihm sagst, wo er mich versteckt hält, wird er mich und meine Mägde in Enten verwandeln. Danach wird er dich fragen: ‚Welche von diesen Enten ist die Prinzessin?' Da werde ich den Kopf wenden und mit dem Schnabel die Flügel putzen, so daß du mich leicht erkennst."

Nun war der junge Mann guten Mutes, und er plauderte mit der Prinzessin drei Tage und drei Nächte lang. Am Morgen des vierten Tages kam der Hirt zum König und verlangte sein Lamm zurück.

Und der König ging zu seiner Tochter, um es zu holen. Die tat sehr betrübt, aber der König sagte: „Ich kann dir das Lamm nicht lassen, denn ich hatte es nur geborgt."

Dann nahm er es und brachte es dem Hirten zurück, und der führte es auf seine Weide. Dort warf der junge Mann das Fell ab, dankte dem Schäfer, eilte zum König und sprach: „Ich bin imstande, deine Tochter zu finden."

Der König wollte den jungen Mann wieder fortschicken. Er sagte: „Dieses Wagnis hat schon vielen das Leben gekostet, und es würde auch dein Tod sein. Gehe also lieber wieder dorthin, wo du hergekommen bist."

Der junge Mann ließ sich aber nicht abweisen und blieb dabei, daß es ihm gelingen werde, die Prinzessin zu finden.

„Nun gut", sprach der König, „so zeige mir den Weg."

Darauf führte der junge Mann ihn durch das ganze Schloß, bis sie vor die eiserne Tür kamen, und dort sagte er: „Tartara, Martara, öffne dich!"

Da öffnete sich die Tür, und über die Treppe gelangten sie in den Palast, der unter der Erde lag.

„Du hast die Prinzessin gefunden", sprach der König, „doch nun werde ich sie und ihre Mägde in Enten verwandeln. Und nur wenn du errätst, welche von ihnen meine Tochter ist, sollst du sie zur Frau haben.

Darauf verwandelte der König die Prinzessin und ihre Mägde in Enten, scheuchte sie durcheinander und sagte zu dem jungen Mann: „Zeige mir meine Tochter!"

Eine der Enten putzte mit dem Schnabel ihre Flügel, und der junge Mann trat zu ihr hin und sprach: „Diese und keine andere ist es."

Der König kaute vor Zorn an seinem Schnurrbart. Aber was sollte er machen? Er mußte seine Tochter dem jungen Mann zur Frau geben und mitansehen, wie sie zusammen herrlich und in Freuden lebten.

Das Dohlenkind

Es war einmal eine arme Frau, die hatte keine Kinder. Da sprach sie eines Tages in ihrem Kummer: „Lieber Gott, ich wollte, ich hätte ein Kind, und wenn es auch nur eine Dohle wäre."

Der Wunsch ging in Erfüllung. Die Frau bekam eine Dohle, und die zog sie wie ihre eigene Tochter auf. Eines Tages sagte die Dohle: „Mutter, lade die Wäsche auf den Esel. Ich will sie im Bach waschen."

Da band die Mutter die Wäsche dem Esel auf, und die Dohle ritt damit zum Bach. Weil dort aber schon ein paar Frauen bei der Wäsche waren, ritt sie zu einem anderen Bach. Da legte sie ihr Federkleid ab und wurde zu einem wunderschönen Mädchen.

Nun befand sich aber gerade in jener Gegend der Königssohn auf der Jagd, und wie der das Mädchen erblickte, schlich er sich leise heran. Da sah er, wie es aus dem Wasser stieg, sein Federkleid überstreifte und wieder zur Dohle wurde.

Als die Dohle auf dem Esel davongeritten war, lief der Königssohn zu seinem Pferd, eilte damit ins Schloß und sagte zur Königin: „Gehe zu der Mutter der Dohle und richte ihr aus, daß ich ihre Tochter zur Frau nehmen will."

Die Königin versuchte, ihren Sohn von seinem Ansinnen abzubringen. Wie sie aber einsehen mußte, daß er dabei blieb, ging sie hin und richtete den Antrag aus.

„Dies ist gewiß nicht das Haus, in das dich dein Sohn geschickt hat", antwortete die arme Frau, „denn ich habe nur eine Tochter, die eine Dohle ist. Wenn dies aber wirklich das Haus ist, in das du gehen solltest, so wollte dein Sohn wohl nur Spott und Hohn über mich bringen."

Als die Königin das ihrem Sohn erzählte, schickte er sie von neuem hin und ließ der Mutter der Dohle sagen, daß es ihm ernst mit seinem Antrag sei.

„Gut", sagte die Mutter zu der Königin, „wenn es deinem Sohn also ernst damit ist, so soll er von meiner Haustüre bis zum Schloß einen Pfahlzaun machen lassen."

Nachdem der Zaun nun fertig war, kam der Königssohn mit großem Gefolge, um die Dohle zu holen. Die ließ sich aber nicht einfangen, sondern hüpfte von Pfahl zu Pfahl, bis zum Schloß. Und als sie im Hochzeitssaal angekommen war, breitete sie ihre Flügel aus und flog auf einen Schrank. Vor den stellte sich der Prinz und machte, wie es die Sitte vorschreibt, mehrere Verbeugungen. Und so oft sich der Prinz verbeugte, so oft tat es ihm die Dohle gleich.

Als nun das Fest zu Ende war und das Brautpaar sich in seinem Schlafgemach befand, zog die Dohle ihr Federkleid aus und wurde wieder so schön, wie der Prinz sie das erste Mal erblickt hatte. Aber am anderen

Morgen schlüpfte sie in aller Frühe wieder in das Kleid, und als der Prinz erwachte, saß sie als Dohle vor seinem Bett. So ging es jeden Abend und jeden Morgen. Weil seine Frau aber seiner Bitte, ihr Federkleid fortzuwerfen, nicht nachgab, befahl der Prinz eines Tages seinen Dienern, den Backofen so lange zu heizen, bis er glühte.

Als das geschehen war, blieb der Prinz die Nacht über wach, und nachdem seine Frau eingeschlafen war, nahm er das Federkleid, schlich sich damit aus dem Gemach, lief zum Backofen und warf es hinein. Wie es aber anfing zu brennen, wachte seine Frau von dem Geruch auf. Und da sie sogleich wußte, was geschehen war, klagte und jammerte sie und lief zum Ofen. Aber sie kam zu spät. Ihr Federkleid war ganz und gar zu Asche verbrannt. So mußte sie denn auch tagsüber ihre menschliche Gestalt behalten.

Bald darauf ging der Prinz mit seiner Frau zu einem großen Kirchenfest. Dort war auch deren Mutter. Und als die an der Seite des Prinzen eine wunderschöne junge Frau erblickte, glaubte sie, daß er die Dohle verstoßen und eine andere geheiratet habe. Darum ging sie zu ihm hin und sagte: „Da du nun eine andere zur Frau genommen hast, so schick mir doch meine Dohle zurück."

Da verbeugte sich die junge Frau vor ihrer Mutter, küßte ihr die Hand und sagte: „Sieh, ich bin deine Tochter!"

Und dann erzählte sie der Mutter alles, von Anfang bis Ende, und die ging danach zufrieden nach Haus.

Halberbschen

Es waren einmal ein Mann und eine Frau, die hatten einen Sohn, der war so klein, daß er von seiner Mutter Halberbschen genannt wurde.

Eines Tages, um die Mittagszeit, sagte die Mutter zu Halberbschen: „Gehe hinaus aufs Feld und bringe dem Vater das Essen."

Dann tat sie einen Topf Suppe, ein Brot und eine Flasche Wein in einen Korb, und Halberbschen nahm ihn und machte sich auf den Weg. Wie er nun in die Nähe des Feldes kam, rief er: „Vater, wie soll ich denn rankommen?“

Und der Vater antwortete: „Vom Rand her!“

Da fing Halberbschen an, das Brot vom Rand her anzubeißen, und es dauerte nicht lange, da hatte er es ganz aufgegessen.

Darauf rief er wieder: „Vater, wie soll ich denn rankommen?“

„Ei“, rief der Vater, „habe ich es dir nicht gesagt?“

„Ja, ja“, antwortete Halberbschen, „aber ich habe es schon wieder vergessen.“

„Nun“, rief der Vater, „vom Rand her! Hörst du? Vom Rand her!“

Halberbschen antwortete ihm aber nicht, sondern nahm den Löffel, der auch im Korb war, und löffelte damit den Suppentopf vom Rand her leer.

Danach rief er wieder: „Vater, wie soll ich denn rankommen?“

„Ach“, rief der Vater, „am besten von der Quelle her!“

Da setzte Halberbschen die Weinflasche an den Mund und trank sie leer.

Und nun ging Halberbschen zu seinem Vater aufs Feld. Der fragte ihn: „Wo hast du die Suppe, das Brot und den Wein?“

„Oh“, antwortete Halberbschen, „ich habe getan, was du befohlen hast, denn als ich dich fragte, von welcher Seite ich an das Brot rankommen solle, sagtest du: ‚Vom Rand her.‘ Darum habe ich es vom Rand her aufgegessen. Als ich dich fragte, von welcher Seite ich an die Suppe rankommen solle, gabst du mir die gleiche Antwort, und als ich dich fragte, wie ich den Wein trinken solle, sagtest du: ‚Von der Quelle her!‘ Also setzte ich den Hals der Flasche an den Mund und trank sie leer.“

Da lachte der Vater und sprach: „Du bist ein Schelm. Bleibe aber nun hier, bis ich wiederkomme, und wirf den Ochsen Heu vor, denn ich will hingehen und mir selbst mein Essen holen.“

Als der Vater gegangen und Halberbschen allein war, warf er den Ochsen das Heu vor. Da streckte eines der Tiere den Kopf vor und fraß Halberbschen mit auf. Der Vater suchte bis zum Abend vergeblich nach ihm und trieb die Ochsen erst heim, als der Mond schon hoch am Himmel stand.

Kaum waren sie aber zu Hause angekommen, da rief Halberbschen im Bauch des Ochsen: „Ich habe Hunger! Ich habe Hunger! So gebt mir doch etwas zu essen!“

„Das muß Halberbschen sein!“ rief die Mutter, denn sie erkannte die Stimme ihres Sohnes.

Da schlachtete der Vater den Ochsen, doch Halberbschen fanden sie nicht. So gingen sie ins Haus und setzten sich traurig an den Tisch.

Nach einer Weile kam eine alte Frau am Haus vorbei, die sah die Därme des Ochsen im Hof liegen und dachte: ‚Ich will sie auswaschen und in die Stadt auf den Markt tragen. Ein paar Kupferstücke bekomme ich dafür allemal.‘

Dann nahm sie die Därme, ging damit zum Brunnen und schnitt sie auf. Da rief Halberbschen: „He, Alte, stich mir nicht die Augen aus!“

Darüber erschrak die Frau so sehr, daß sie die Därme fallen ließ und davonlief.

Wie Halberbschen nun aus den Därmen hervorkriechen wollte, kam eine Füchsin daher. Die stürzte sich gierig auf die Därme und fraß Halberbschen mit auf. Gegen Abend verspürte die Füchsin erneut Hunger. Also lief sie in einen Hühnerstall, um sich dort eines der Hühner zu holen. Kaum fingen aber die Hühner an, ängstlich zu gackern, da rief Halberbschen: „He, ihr Leute, gebt auf eure Hühner acht!“

Da wartete die Füchsin nicht erst, bis die Leute mit ihren Knüppeln aus dem Haus kamen, sondern machte, daß sie davonkam. Und so ging es ein um das andere Mal. Sobald sich die Füchsin in einen Hühnerstall geschlichen hatte, rief Halberbschen die Leute herbei. Wen wundert es da, daß die Füchsin vor Hunger ganz herunterkam?

Eines Tages begegnete der Füchsin ein Wolf, der fragte: „Ei, warum siehst du so schlecht aus? Was hast du denn für einen Kummer?“

„Wie sollte ich nicht schlecht aussehen!“ antwortete die Füchsin, „in meinem Bauch ist etwas, das, sobald ich nach einem Huhn aus bin, alle Welt zusammenschreit.“

„Dagegen weiß ich ein Mittel“, sagte der Wolf. „Steige auf den Birnbaum dort und stürze dich hinunter. Du wirst sehen, daß dich das von deinem Unheil befreit.“

Da stieg die Füchsin auf den Birnbaum, stürzte sich hinunter und war auf der Stelle tot. Und der Wolf ging hin und fraß die Füchsin mitsamt Halberbschen auf.

Das hätte er aber nicht tun sollen, denn sooft er nun ein Schaf stehlen wollte, schrie Halberbschen aus seinem Bauch: „He, ihr Hirten, gebt auf eure Schafe acht!"

Dem Wolf ging es bald so schlecht, daß er sich, als er einmal auf einem Felsen stand, nicht mehr auf den Beinen halten konnte. Er stürzte hinunter und war auf der Stelle tot. Da kroch Halberbschen aus seinem Rachen hervor und lief zum Haus seiner Eltern. Im Haus schnitt die Mutter gerade einen Laib Brot an, und dabei seufzte sie: „Ach, wenn doch unser Halberbschen mit uns von diesem Brot essen könnte."

„Warum sollte ich das nicht können? Ich habe das Kauen noch nicht verlernt!" rief Halberbschen unter dem Fenster.

Da sprang der Vater von seinem Stuhl auf, lief vor das Haus und holte Halberbschen herein.

Also nahm der Tag für alle ein gutes Ende, und dieses Märchen auch.

Die Zwillingsbrüder

Es war einmal ein Fischer, der hatte zwar sein gutes Auskommen, aber keine Kinder. Eines Tages kam ein altes Mütterchen zu seiner Frau und sagte: „Was nützt dir dein Wohlstand, da du doch keine Kinder hast!"

„Es ist Gottes Wille", antwortete die Frau.

„Nein, das ist nicht Gottes Wille", sagte das Mütterchen. „Sage nur deinem Mann, wenn er heute abend nach Hause kommt, daß er hingehen und den goldenen Fisch fangen soll; den müßt ihr dann in sechs Stücke zerlegen. Eins davon sollst du und das zweite soll dein Mann essen, und noch bevor ein Jahr um ist, wirst du zwei Kinder gebären. Das dritte Stück gib der Hündin, und sie wird zwei Welpen bekommen. Das vierte gib der Stute, und sie wird zwei Fohlen werfen. Das fünfte vergrabe rechts von der Hausschwelle und das sechste links davon; dareus werden dann zwei Zypressen wachsen."

Als der Fischer am Abend nach Hause kam, erzählte ihm seine Frau, was das Mütterchen geraten hatte. Da ging er wieder ans Meer und fing den goldenen Fisch; und den teilten sie so, wie es ihnen gesagt war.

Und als die Zeit um war, gebar die Fischersfrau zwei Söhne, die einander so ähnlich waren, daß man den einen nicht vom anderen unterscheiden konnte. Und die Hündin warf zwei ganz gleiche Welpen und die Stute zwei ganz gleiche Fohlen, und rechts und links von der Hausschwelle wuchsen zwei ganz gleiche Zypressen.

Als die Fischerssöhne herangewachsen waren, wollten sie nicht mehr zu Hause bleiben, sondern draußen in der Welt zu Ansehen und Ehren gelangen. Der Vater aber ließ sie nicht zusammen gehen. Er sagte: „Erst soll der eine sich auf den Weg machen, und wenn der zurück ist, mag auch der andere gehn."

Da nahm der eine Sohn eins der beiden Pferde und einen der beiden Hunde und sagte zu seinem Bruder: „Solange die zwei Zypressen grün sind, sorge dich nicht um mich, wenn aber eine beginnt zu verdorren, dann mache dich auf und suche mich."

Darauf zog er in die Welt hinaus und kam durch viele Dörfer und Städte. Eines Abends kehrte er bei einer alten Frau ein, und als er am anderen Morgen aus dem Haus trat, erblickte er auf einem Berg ein Schloß. Da rief er die Alte und fragte sie, wem das Schloß gehöre.

„Das Schloß gehört der Schönen des Landes, mein Sohn", antwortete die Alte.

„Und ich", sagte der Jüngling, „bin hergekommen, um sie für mich zu gewinnen."

„Das haben schon viele vor dir versucht, mein Sohn", sagte die Alte, „doch alle kamen dabei ums Leben."

Der Jüngling ließ sich aber nicht abschrecken. Er holte seine Zither und spielte darauf so schön, daß die Schöne des Landes ans Fenster trat, um seinem Spiel zu lauschen.

Am anderen Tag ließ sie die Alte kommen und fragte: „Wer spielt so schön die Zither?"

„Es ist ein Fremder", antwortete die Alte.

„Führe ihn zu mir", befahl die Schöne des Landes.

Als der Jüngling vor ihr erschien, fragte sie ihn nach diesem und jenem, und endlich sagte sie ihm, daß ihr sein Spiel so gut gefallen habe, daß sie ihn zum Mann nehmen wolle.

„Um dich für mich zu gewinnen, bin ich hergekommen", entgegnete der Jüngling.

Dann ging er zum König und bat ihn, ihm seine Tochter zur Frau zu geben. Der König sagte: „Du sollst meine Tochter zur Frau haben, wenn du imstande bist, das zu tun, was ich dir aufgebe. Bist du es aber nicht, so kommst du um deinen Kopf. Höre also: Draußen auf dem Feld liegt ein dicker Baumstamm, den sollst du mit einem Hieb deines Schwertes zerschlagen."

Da ging der Jüngling betrübt zu der Alten zurück und sann darüber nach, wie er es anstellen sollte, die Aufgabe zu erfüllen. Die Schöne trat indessen an ihr Fenster und wartete auf das Spiel der Zither. Als nun alles still blieb, ließ sie den Jüngling rufen und fragte ihn: „Warum spielst du heute nicht auf deiner Zither?"

Darauf erzählte er ihr, was ihm der König aufgetragen hatte.

„Und darum bist du so bekümmert?" rief die Schöne. „Spiel nur, damit ich mich ein wenig vergnügen kann. Und morgen will ich dir sagen, was du tun sollst."

Also spielte der Jüngling auf der Zither, und am anderen Morgen ging er wieder zu der Schönen. Die riß sich ein Haar aus und sprach: „Nimm dieses Haar und wickle es um dein Schwert, so wirst du den Baumstamm, der draußen auf dem Feld liegt, mit einem Hieb zerschlagen."

Der Jüngling tat, was die Schöne ihm geraten hatte, und so war es für ihn ein Leichtes, die Aufgabe zu erfüllen.

Der König aber sprach: „Du sollst meine Tochter nur dann zur Frau bekommen, wenn du imstande bist, das zu tun, was ich dir jetzt aufgebe. Bist du es aber nicht, so kommst du um deinen Kopf. Höre also: Ich will dir ein Pferd geben, das sollst du besteigen und mit einem Becher voll Wasser in jeder Hand drei Stunden reiten, ohne daß du auch nur einen Tropfen verschüttest.“

Da ging der Jüngling zu der Alten zurück und war wieder so betrübt, daß er das Spiel auf der Zither vergaß. Und als die Schöne ans Fenster trat und alles still blieb, ließ sie ihn rufen und fragte ihn: „Warum spielst du auch heute nicht auf deiner Zither?“

Darauf erzählte der Jüngling, was ihm der König aufgetragen hatte.

„Ach“, rief die Schöne, „was sorgst du dich! Spiele nur, damit ich mich ein wenig vergnügen kann. Und morgen will ich dir sagen, was du tun sollst.“

Also spielte der Jüngling auf der Zither, und am anderen Morgen ging er wieder zu der Schönen. Die gab ihm ihren Ring und sagte: „Wirf diesen Ring zuerst in den einen und danach in den anderen Becher. Davon wird das Wasser gefrieren, und du wirst nichts verschütten.“

Der Jüngling tat, was die Schöne ihm geraten hatte, und so war es für ihn auch diesmal ein Leichtes, die Aufgabe zu erfüllen.

Doch dem König war es immer noch nicht genug. Er sagte: „Jetzt will ich dir noch etwas aufgeben, und das soll das letzte sein. Ich habe einen Schwarzen in meinem Dienst, mit dem sollst du morgen kämpfen, und wenn du Sieger bleibst, sollst du meine Tochter haben.“

Da kehrte der Jüngling voller Freude zu der Alten zurück, und als der Abend kam, nahm er seine Zither und spielte darauf so schön wie niemals zuvor.

Wie die Schöne das hörte, wunderte sie sich, und sie ließ den Jüngling rufen und fragte ihn: „Du bist heute so froh! Was hat mein Vater dir denn gesagt?“

„Er hat mir gesagt, daß ich morgen mit einem Schwarzen, der in seinem Dienst steht, kämpfen soll. Das ist ein Mensch, wie ich einer bin, mit dem will ich schon fertig werden.“

Da rief die Schöne: „Ach, das ist das Schwerste von allem, denn dieser Schwarze bin ich selber. Du mußt wissen: Vor dem Kampf reicht man mir einen Trank, der mich nicht nur verwandelt, sondern mir auch unüberwindliche Kräfte gibt.“

„Und was ist dein Rat?“ fragte der Jüngling.

„Gehe morgen auf den Markt“, antwortete die Schöne, „kaufe dort zwölf Büffelhäute und umwickle damit dein Pferd. Doch damit nicht genug. Stecke auch dieses Tuch zu dir. Und wenn ich morgen auf dich losgehe, dann halte es mir vor die Augen, damit ich zu mir komme und dich nicht töte. Während des Kampfes aber mußt du mein Pferd mit deinem Schwert zwischen den Augen treffen, denn nur wenn es dir gelingt, es zu töten, hast du mich besiegt.“

Da ging der Jüngling auf den Markt, kaufte die zwölf Büffelhäute und umwickelte damit sein Pferd. Und als der Morgen kam, begann er, mit dem Schwarzen zu kämpfen. Dem gelang es bald, die elf Büffelhäute zu zerreißen, doch als er an der zwölften zerrte, traf der Jüngling das Pferd seines Gegners zwischen den Augen, und wie es tot hinfiel, verwandelte der Schwarze sich in die Schöne des Landes.

Nun sagte der König: „Nachdem du alle drei Aufgaben erfüllt hast, will ich dich zu meinem Schwiegersohn nehmen.“

Der Jüngling entgegnete aber: „Ich muß noch ein Geschäft abschließen, doch in vierzig Tagen will ich wieder zurück sein.“

Dann rief er seinen Hund und ritt fort. Nach einigen Tagen kam er in ein anderes Land. Dort stieg er im Haus einer alten Frau ab. Nachdem er bei ihr zu Abend gegessen hatte, verlangte er etwas Wasser zum Trinken.

Da sagte die Alte: „Ich kann dir keins geben, mein Sohn, denn ein Ungeheuer läßt uns nur einmal im Jahr aus unserer Quelle schöpfen, und das auch nur, wenn wir ihm dafür ein Mädchen bringen, das es dann verschlingt. Gerade heute ist das Los auf die Tochter des Königs gefallen.“

„An welchem Tag wird man sie dem Ungeheuer zuführen?“ fragte der Jüngling.

„Es wird schon morgen sein“, antwortete die Alte.

Da versteckte der Jüngling sich noch in der Nacht in der Nähe der Quelle und wartete, was geschehen würde. Und als der Morgen kam, sah er, wie man die Königstochter mit einer goldenen Kette an einen Baum band. Kaum hatten aber die Leute die Prinzessin ihrem Schicksal überlassen, da trat er aus seinem Versteck hervor und sprach: „Wenn du mir versprichst, mich zum Mann zu nehmen, so will ich dich befreien und das Ungeheuer töten.“

Die Prinzessin willigte mit Freuden ein. Darauf löste der Jüngling die goldene Kette, und als das Ungeheuer kam, befahl er seinem Hund, es zu zerreißen. Und der Hund gehorchte seinem Herrn.

Wie nun der König hörte, was geschehen war, wurde er über die Maßen froh und willigte ohne Zögern in die Heirat ein. So wurde denn eine große Hochzeit gehalten.

Der junge Mann blieb eine Woche im Palast. Dann wurde es ihm darin aber zu eng, und er beschloß, auf die Jagd zu gehen. Der König wollte ihn davon abhalten, doch es gelang ihm nicht. Also bat er seinen Schwiegersohn, doch wenigstens einige Diener mitzunehmen, aber auch das schlug der junge Mann ab.

Er sagte: „Ich bin es gewohnt, auf der Jagd nur mein Pferd und meinen Hund bei mir zu haben."

Nachdem er nun schon ein gutes Stück geritten war, kam er zu einer Hütte. Da stieg er ab, ging hinein und bat die Alte, die darin war, ihm etwas Wasser zu geben.

„Wenn du mir erlaubst, daß ich deinen Hund mit meinem Stock berühre, damit er mich nicht beißt, so sollst du von meinem Wasser haben", sagte die Alte.

Der Jüngling ließ die Alte gewähren. Kaum hatte die aber den Hund mit ihrem Stock berührt, da wurde er zu Stein. Und dem Jüngling und seinem Pferd geschah es ebenso. Im gleichen Augenblick verdorrte aber auch eine der Zypressen vor seines Vaters Haus.

Als das der Bruder sah, sattelte er sein Pferd, rief seinen Hund und machte sich auf, den Unglücklichen zu suchen. Nicht lange, und er kam in die Stadt, in der sein Bruder das Ungeheuer getötet hatte. Dort führte ihn der Zufall in dasselbe Haus, in dem sein Bruder abgestiegen war. Und als die Alte ihn erblickte, sagte sie: „Nimm es mir nicht übel, mein Sohn, daß ich nicht zu dir gekommen bin, um dir zur Hochzeit mit der Königstochter Glück zu wünschen."

Der Jüngling merkte wohl, daß die Alte ihn für seinen Bruder hielt, doch er sagte nur: „Laß es gut sein, das macht nichts."

Dann ritt er geradewegs ins Schloß, und als ihn dort die Prinzessin erblickte, lief sie auf ihn zu und rief: „Wo warst du nur so lange? Ich glaubte schon, daß dir auf der Jagd etwas zugestoßen sei."

„Was sollte mir schon zustoßen", antwortete der Jüngling, und er erfand allerlei Ausreden, mit denen er sein langes Ausbleiben erklärte.

Als er aber am Abend zu Bett ging, legte er sein Schwert zwischen sich und seine Schwägerin.

„Wozu soll das gut sein?" fragte die Prinzessin.

Der Jüngling tat, als ob er schlafen würde und antwortete nicht. Am anderen Morgen sagte er dann, daß er wieder auf die Jagd gehen wolle. Und er ließ sich auch vom König nicht davon abhalten und ritt denselben Weg, den sein Bruder eingeschlagen hatte. So gelangte er bald zu der Hütte der bösen Alten, und davor erblickte er seinen Bruder und dessen Pferd, und er erkannte gleich, daß sie zu Stein geworden waren.

Da ging er in die Hütte und befahl der Alten, den Zauber zurückzunehmen.

„Ich will tun, was du verlangst, wenn du mir erlaubst, daß ich zuvor deinen Hund mit meinem Stock berühre", sagte die Alte.

Darauf ließ der Jüngling sich aber nicht ein. Und als er seinem Hund befahl, die Alte zu zerreißen, schrie diese: „Warte, ich will den Zauber zurücknehmen!"

„Sage mir lieber, wie ich meinen Bruder lebendig machen kann!" befahl der Jüngling.

„Sieh dort die beiden Stöcke, mit dem grünen mache ich, was ich will, zu Stein und mit dem roten mache ich, was ich will, lebendig", sagte die Alte.

Da nahm der Jüngling den roten Stock und berührte damit seinen Bruder, dessen Hund und Pferd und befahl seinem eigenen Hund, die Alte zu zerreißen.

Als die Brüder nun zum Schloß zurückritten, erzählte der eine dem anderen, wie die Zypresse auf einmal vertrocknet sei, wie er sich danach auf den Weg gemacht und wie er im Schloß bei der Frau des anderen geschlafen habe. „Was hast du getan? Du hast das Bett mit meiner Frau geteilt?" rief der andere zornig.

Der Bruder ließ ihm aber nicht einmal mehr Zeit hinzuzufügen, daß er sein Schwert in die Mitte des Bettes gelegt habe, sondern erschlug ihn auf der Stelle und kehrte allein in das Schloß zurück.

Wie er sich dort am Abend schlafen legte, fragte ihn die Prinzessin: „Sag, warum hast du gestern das Schwert zwischen uns gelegt und mir den Rücken zugekehrt?"

Da sprang er auf, raufte sich die Haare und rief: „Mein Bruder hat an meiner Stelle bei dir gelegen, und ich habe ihn zu Unrecht erschlagen!"

„Führe mich zu ihm", sagte die Prinzessin. „Ich will sehen, was ich tun kann."

Da führte ihr Mann sie an die Stelle, an der er seinen Bruder erschlagen hatte. Und als sie bei ihm waren, holte die Prinzessin ein Fläschchen mit dem Wasser des Lebens hervor und schüttete einige Tropfen über ihn. So wurde er wieder lebendig, und als die Brüder einander umarmt und noch einmal alles erzählt hatten, ritt der Ledige zu der Schönen des Landes und nahm sie zur Frau.

So waren sie zu Ansehen und Ehren gekommen, und als sie ihre Eltern zu sich holten, nahmen auch die an ihrem Glück teil.

Der Bartlose und der Drake

Es war einmal ein Bartloser, den beauftragte eines Tages seine Frau, ihr frischen Käse zu besorgen. Da machte der Bartlose sich auf den Weg und ging in die Schäferei. Dort fragte er den Schäfer: „Hast du schönen frischen Käse?“

„Ach, mein Lieber“, antwortete der Schäfer, „wo sollte ich den hernehmen?“

„Weißt du denn nicht, daß man aus Milch Käse macht?“ fragte der Bartlose erstaunt.

„Wie sollte ich es nicht wissen“, antwortete der Schäfer. „Aber sobald ich meine Schafe gemolken habe, kommt ein Drake über den Berg, setzt den Kübel an und trinkt ihn bis auf den letzten Tropfen leer.“

„So will ich es sein, der dich von dem Draken erlöst“, sagte der Bartlose. „Rufe mich morgen, bevor du darangehst, deine Schafe zu melken. Dann sollst du bald sehen, was mit dem Draken geschieht.“

„Wenn du mich von der Plage befreist, will ich dir immer dankbar sein und dir jede Woche Milch und Käse bringen, ohne daß ich etwas dafür verlange!“ rief der Schäfer aus.

Da ging der Bartlose weiter und besorgte sich in einer anderen Schäferei einen großen und einen kleinen Käse. Den großen gab er seiner Frau, und die aß ihn gleich auf. Den anderen aber verwahrte er im Schrank. Und als ihn der Schäfer am nächsten Morgen rief, nahm er den Käse und folgte ihm damit in die Schäferei. Als nun der Drake kam und seine Hand zur Tür hineinstreckte, um den Milchkübel herauszuziehen, rief der Bartlose: „He! Was bist du für ein Kerl?“

„Was ich für einer bin?“ antwortete der Drake. „Komm nur heraus. So kannst du sehen, daß ich ein Drake bin!“

Da trat der Bartlose vor die Hütte und sprach: „Ei, was du nicht sagst! In meinen Augen bist du nicht mehr als eine Mücke!“

Der Riese kehrte sich aber nicht an seine Worte. Er bückte sich und streckte erneut eine Hand nach dem Milchkübel aus.

„Höre“, sagte der Bartlose, „wenn du nicht gleich machst, daß du fortkommst, so geht es dir wie dem Stein in meiner Hand, aus dem, wenn ich ihn zerdrücke, das helle Wasser fließt.“

„Oho!“ rief der Drake, „das hat noch keiner fertiggebracht!“

„Sieh einmal her“, sagte der Bartlose.

Darauf drückte er den frischen Käse in seiner Hand zusammen, so daß daraus das Wasser auf den Boden tropfte.

Nun begann der Drake doch, sich vor dem Bartlosen zu fürchten. Darum sagte er: „Laß uns Brüderschaft schließen und Frieden halten.“

„Meinetwegen“, sagte der Bartlose, „aber nur, wenn du den Schäfer von jetzt an in Ruhe läßt.“

Als der Drake das versprochen hatte, schlossen sie Brüderschaft und zogen zusammen in die Welt. Nachdem sie eine Zeitlang gegangen waren, kamen sie in einen Wald. Dort sagte der Drake: „Hier wollen wir auf die Jagd gehen. Nimm du diese Richtung, und ich will in die andere gehen. Da wollen wir einmal sehen, wer von uns das meiste Wild erlegt.“

„Das wollen wir sehen“, sagte der Bartlose.

Dann ging er in die Richtung, die der Drake ihm angegeben hatte, und nicht lange, da sah er einen Wildeber, der auf ihn zurannte. Er fand gerade noch Zeit, auf den nächsten Baum zu klettern, um sich vor dem Eber in Sicherheit zu bringen. Der fuhr nun mit seinen Hauern so heftig auf den Baum ein, daß sie darin feststeckten, und als er sie wieder herausziehen wollte, stieß er sich so unglücklich am Kopf, daß er daran starb.

Da stieg der Bartlose vom Baum herunter und rief: „He, Drake!“ Wie steht es mit der Jagd?“

„Dumme Frage“, antwortete der Drake. „Wir haben ja kaum angefangen.“

„So komm einmal her und sieh dir den Eber an, den ich gefangen und an seinen Hauern in den Baum gesteckt habe. Nimm ihn und bring ihn auf die Lichtung und warte dort, bis ich nachkomme.“

Darauf versteckte der Bartlose sich hinter einem Strauch, denn der Drake sollte nicht merken, daß er selbst nicht imstande war, den Eber zu schleppen.

Wie nun der Drake den Eber mit den Hauern in dem Baum stecken sah, sagte er sich: ‚Was ist dieser Bartlose für einer, daß ihm alles gelingt.‘

Als er auf der Lichtung angekommen war, kamen ihm aber doch Zweifel an der Stärke des anderen. Darum sagte er, als der Bartlose sich wieder zu ihm gesellte: „Laß uns miteinander ringen, damit wir sehen, ob du auch wirklich der Stärkere von uns bist.“

„Das ist ein guter Einfall“, sagte der Bartlose.

Dann begannen sie, miteinander zu ringen. Aber schon beim ersten Stoß, den der Drake dem Bartlosen versetzte, fiel dieser zu Boden. Da rief der Drake: „Na, wo hast du denn die Stärke gelassen, die du von deinem Vater geerbt hast?“

„Mach nicht solch ein Geschrei, nur weil ich ein wenig ausgeglitten bin“, antwortete der Bartlose.

Doch gleich darauf erging es ihm wie das erste Mal. Und beim dritten Mal kniete der Drake sich auf die Brust seines Gegners, so daß dem die Augen aus den Höhlen traten.

„Nun“, sagte der Drake, „wie du siehst, ist es nicht weit her mit deiner Stärke.“

Der Bartlose ließ sich aber nicht einschüchtern: Er sagte: „Ich muß meine Augen rollen, weil ich darüber nachdenke, ob ich dich jetzt oder erst nach Sonnenuntergang in die Lüfte schleudern soll.“

Da erschrak der Drake, stand auf und erklärte sich für besiegt.

„Wenn du mich nur nicht in die Lüfte schleuderst“, sagte er kleinlaut.

„Ich will davon ablassen, obwohl du dich gewiß gut unter den anderen Mücken ausnehmen würdest“, versetzte der Bartlose.

Darauf ging der Drake zu seiner Mutter und sprach: „Ich bin einem begegnet, der stärker ist als ich.“

Und dann erzählte er ihr, wie es ihm ergangen war.

„Du hast recht“, sprach die Mutter, nachdem sie alles gehört hatte, „dieser Mensch ist stärker als du. Darum müssen wir ihn aus dem Wege schaffen, bevor er uns noch ein Leid antut.“

Am anderen Tag traf der Bartlose wieder mit dem Draken zusammen, und der sagte zu ihm: „Heute abend mußt du mit mir nach Hause kommen. Da soll uns meine Mutter den Eber braten, den du erlegt hast.“

Der Bartlose ging also am Abend mit dem Draken in dessen Haus und aß und trank mit ihm und seiner Mutter. Als die ihm aber ein Lager zurechtmachen wollte, sagte er: „Ich kann es im Haus die Nacht über nicht aushalten, denn ich bin es gewohnt, im Freien zu schlafen.“

Dann ging er vor das Haus und legte sich nieder. Nach einer Weile stand er aber heimlich auf, zog einen Sack Stroh herbei und versteckte sich hinter dem Haus.

Nach Mitternacht stand der Drake auf, nahm ein großes Messer, ging hinaus und stach so lange auf den Sack ein, bis er meinte, daß es genug sei. Darauf ging er zu seiner Mutter und sagte: „Der wird uns keinen Kummer mehr machen.“

Am anderen Morgen trat der Bartlose wieder ins Haus. Dort fand er den Draken und dessen Mutter noch schlafend. Da schüttelte er den Draken und rief: „He, Bruder! Was schläfst du noch um diese Zeit!“

Als der Drake die Augen aufschlug und den Bartlosen erblickte, fuhr ihm der Schrecken durch die Glieder. Er faßte sich jedoch bald und fragte: „Sieh an, du lebst noch? Habe ich dich heute nacht nicht durch und durch gestochen?“

Da lachte der Bartlose und sagte: „Weißt du denn nicht, daß ich unverwundbar bin?“

„Wie ist das möglich?“ fragte der Drake.

„Wie das möglich ist“, antwortete der Bartlose. „Man hat mich als Kind in einen Farbtopf gesteckt. Darum kann mir nichts geschehen. Ich habe zwar heute nacht gemerkt, daß mich etwas stach, doch ich habe mich nicht weiter darum gekümmert, da ich glaubte, es sei ein Floh.“

„Kannst du mich nicht auch färben?“ fragte der Drake.

„Warum nicht?“ antwortete der Bartlose. „Aber dazu brauche ich einen Kessel, der so groß sein muß, daß du, wenn du dich darin befindest, ganz mit Wasser bedeckt bist.“

„Woher willst du aber die Farbe nehmen?“ fragte der Drake.

„Das laß meine Sorge sein“, antwortete der Bartlose. „Ich werde schon die notwendigen Kräuter herbeischaffen. Sobald dann das Wasser im Kessel siedet und ich die Kräuter hineingeworfen habe, mußt du hineinsteigen.“

Da ging der Drake hin und besorgte einen Kessel, tat Wasser hinein und zündete ein Feuer an. Als nun das Wasser siedete, und der Bartlose die Kräuter hineingeworfen hatte, stieg der Drake in den Kessel, und der Bartlose tat den Deckel darauf.

„Laß ihn nur noch eine Weile im Kessel, damit die Farbe danach auch gut hält“, sagte der Bartlose zu der Mutter des Draken. Dann machte er, daß er davonkam.

Die Mutter wartete noch eine Weile. Dann hob sie den Deckel auf und rief: „Komm heraus!“

Aber der Drake rührte sich nicht. Da nahm die Mutter einen Hakenstock, um ihn damit herauszuziehen, und dabei merkte sie, daß der Bartlose sie getäuscht hatte, denn dem Draken war nicht mehr zu helfen.

Der Bartlose war währenddessen zu dem Schäfer gegangen und erzählte ihm nun, daß er ihn von dem Draken erlöst habe. Und der Schäfer schenkte ihm zum Dank dafür das beste Lamm seiner Herde.

Als der Bartlose aber das Lamm nach Hause trug, begegnete er einem Fuchs, der riß ihm das Lamm von der Schulter und schleppte es in seine Höhle.

„Warte!“ rief der Bartlose, „das will ich dir vergelten!“

Dann holte er zwei Kürbisflaschen und hängte sie so geschickt an einem Stab vor der Höhle auf, daß der Wind ‚Hu! Hu!‘ durch die Löcher pfiff. Der Fuchs glaubte, daß der Bartlose vor der Höhle stehe und vor Zorn über das verlorene Schaf schnaube. Darum traute er sich drei Tage lang nicht aus seiner Höhle hervor. Am vierten Tag konnte er es aber vor Durst nicht mehr aushalten. Er wagte sich also hinaus, und als er vor dem Eingang die Kürbisflaschen erblickte, ging er hin und band sie an seinen Schwanz, um sie ins Meer zu schleudern. Das hätte er aber nicht tun sollen! Denn als er auf einem Felsen anlangte und seinen Schwanz hob, verlor er das Gleichgewicht und fiel ins Meer. Und damit war es auch um den Fuchs geschehen.

Vom Streit um einen Hahn und ein Huhn

Es waren einmal eine alte Frau und alter Mann, die hatten einen Hahn und ein Huhn, um die gerieten die beiden Alten eines Tages in einen Streit. Am Ende beschlossen sie, ihren gemeinsamen Besitz zu teilen, und nach langem Hin und Her bekam die Frau das Huhn und der Mann den Hahn. Eines Tages sagte der Mann zu der Frau: „Gib mir doch ein Ei."

„Was!“ rief die Frau. „Hast du nicht deinen Hahn? Sag ihm, daß er dir eins legen soll.“

Darauf ging der Alte zu dem Hahn, packte ihn beim Schopf, schüttelte ihn und sagte: „Ich brauche ein Ei! Sieh zu, wie du es mir herbeischaffst!“

Dann ließ er den Hahn wieder los, und der machte sich auf und lief und lief, bergauf und bergab.

Gegen Mittag traf er einen Fuchs, der fragte: „Wo läufst du hin, Hahn?“

„Geradeaus“, antwortete der Hahn.

„Darf ich mit dir kommen?“ fragte der Fuchs.

„Komm nur mit, aber daß du mir nicht müde wirst“, antwortete der Hahn.

Da lachte der Fuchs und sprach: „Du hast nur zwei Füße, und ich habe vier. Wie sollte ich denn müde werden?“

Sie liefen also zusammen weiter, bis der Fuchs sagte: „Ich bin müde, ich kann nicht mehr laufen.“

„Setz dich auf meinen Schwanz“, sagte der Hahn.

Das tat der Fuchs, und so ging es wiederum ein gutes Stück weiter.

Gegen Abend trafen sie einen Wolf, der fragte: „Wo läufst du hin, Hahn?“

„Geradeaus“, antwortete der Hahn.

„Darf ich mit dir kommen?“ fragte der Wolf.

„Komm nur mit, aber daß du mir nicht müde wirst“, antwortete der Hahn.

Da lachte der Wolf und sprach: „Du hast nur zwei Füße und ich habe vier. Wie sollte ich denn müde werden?“

Sie liefen also zusammen weiter, bis der Wolf sagte: „Ich bin müde, ich kann nicht mehr laufen.“

„Setz dich auf meinen Schwanz“, sagte der Hahn.

Das tat der Wolf. Er setzte sich hinter den Fuchs, und so ging es wieder ein gutes Stück weiter, bis der Hahn an einen Fluß kam. Da wußte er nicht, wie er an das andere Ufer gelangen sollte. Nachdem er eine Weile angestrengt nachgedacht hatte, fiel es ihm endlich ein. Er steckte seinen Schnabel ins Wasser und schlürfte den Fluß aus.

Und weiter ging es, bis der Hahn zum Garten des Königs kam. Da flog er über den Zaun, schlüpfte in einen Kohlkopf und schrie: „Kikeriki! Mein Dreck auf des Königs Bart!“

Das rief er so lange, bis es der König hörte. Der sagte zu einem Diener: „Geh hin und sieh nach, wer da so dummes Zeug schreit.“

Als der Diener zurückkam, berichtete er dem König, daß wohl ein Hahn im Kohlgarten sein müsse, daß er ihn aber nicht finden könne.

Da befahl ihm der König: „Geh hin und schneide alle Kohlköpfe ab und laß mir keinen stehen.“

Der Diener ging also hin und schnitt die Kohlköpfe ab, doch den Hahn fand er nicht. Aber kaum hatte er den Garten verlassen, da fing der Hahn erneut an zu krähen: „Kikeriki! Mein Dreck auf des Königs Bart.“

„Hast du auch gewiß alle Kohlköpfe abgeschnitten?“ fragte der König.

„Einen faulen habe ich stehen lassen“, antwortete der Diener.

Da befahl der König: „Geh hin und schneide auch den ab!“

Der Diener tat, wie ihm befohlen war. Er ging hin, schnitt den faulen Kohlkopf ab und fand den Hahn darin.

„Es ist gut“, sagte der König zu dem Diener, „tu ihn zu den Hühnern. Sie werden ihn so lange beißen, bis er draufgeht.“

Der Diener brachte den Hahn also in den Hühnerstall. Als dort aber die Hühner auf ihn losgehen wollten, sprang der Fuchs aus dem Schwanz des Hahnes hervor und fraß alle Hühner auf.

Am anderen Morgen wollte der König nachsehen gehen, ob der Hahn auch wirklich tot sei. Nun, der Hahn war nicht tot! Und als er den König sah, schrie er: „Kikeriki! Mein Dreck auf des Königs Bart.“

Da rief der König seinen Diener und befahl ihm: „Tu den Hahn in den Pferdestall, damit ihn die Pferde tottreten.“

Der Diener brachte den Hahn also in den Pferdestall. Als dort aber die Pferde nach ihm treten wollten, sprang der Wolf aus dem Schwanz des Hahnes hervor und fraß alle Pferde auf.

Wie nun der König am Abend in den Pferdestall kam, um nach dem Hahn zu sehen, schrie dieser gleich wieder: „Kikeriki! Mein Dreck auf des Königs Bart.“

Da rief der König seinen Diener und befahl ihm: „Heize den Backofen, bis er glüht. Dann wirf den Hahn hinein, damit er darin verbrennt.“

Der Diener ging hin und heizte den Backofen so lange, bis er glühte. Dann packte er den Hahn und warf ihn hinein. Der Hahn spie aber schnell den Fluß aus, und so löschte er die Glut.

„Nimm den Hahn und wirf ihn in die Schatzkammer. Mag er darin die Goldstücke fressen und daran ersticken", sagte der König zu dem Diener, als er sah, daß der Hahn noch immer lebte.

Der Diener nahm den Hahn und warf ihn in die Schatzkammer. Und das war dem Hahn gerade recht. Er fraß und fraß, bis nichts mehr in ihn hineinging. Da nahm er noch ein Goldstück in den Schnabel und stellte sich tot.

Nach einer Weile sagte der König zu dem Diener: „Geh hin und sieh nach, ob es mit diesem Hahn endlich ein Ende hat."

Der Diener tat, wie ihm befohlen war. Er ging in die Schatzkammer und fand dort den Hahn auf der Erde liegen. Und weil er glaubte, er sei an den Goldstücken erstickt, hob er ihn auf und warf ihn zum Fenster hinaus. Da machte der Hahn seinen Schnabel auf und schrie: „Kikeriki! Mein Dreck auf des Königs Bart."

Darauf lief der Hahn zu dem Alten zurück und rief: „He, Alter, pack mich an den Füßen und schüttle mich, damit du siehst, was für schöne Sachen ich dir mitgebracht habe!"

Das ließ der Alte sich nicht zweimal sagen. Er packte den Hahn bei den Füßen und schüttelte ihn so lange, bis auch das letzte Goldstück auf seine Strohmatte gefallen war.

Als die Alte das sah, sagte sie: „Gib mir doch auch ein paar Goldstücke ab!"

„Sieh an", sagte der Alte, „neulich habe ich ein Ei von dir verlangt, da hast du mir keins gegeben. Also habe ich den Hahn ausgeschickt. Nun schick du nur dein Huhn aus!"

Da ergriff die Alte das Huhn, schüttelte es kräftig durch und befahl ihm, ihr ebensoviele Goldstücke herbeizuschaffen.

Das arme Huhn machte sich gleich auf den Weg und lief hierhin und dorthin. Es fand aber nur ein paar Kupferstücke, drei Schlangen und zwei Eidechsen. Die verschluckte es allesamt. Dann lief es zur Alten zurück und rief: „He, Alte, pack mich bei den Füßen und schüttle mich, damit du siehst, was für schöne Sachen ich dir mitgebracht habe!"

Na, das war etwas für die Alte! Sie packte das Huhn bei den Füßen und schüttelte es, daß die Federn nur so flogen. Und auf die Strohmatte fielen die Kupferstücke.

„Oh Glücksstern!" rief die Alte. „Was für einen Schatz du mir gebracht hast!"

Darauf schüttelte sie das Huhn von neuem. Und nun fielen die Schlangen und die Eidechsen heraus und stürzten auf die Alte los. Die machte, daß sie davonkam und lief und lief, bis sie zu einem Ziegenstall kam. Da ging sie hinein und kam nicht wieder heraus.

Der Bauer, die Schlange und der Fuchs

Es war einmal ein Bauer, der arbeitete auf seinem Feld, in dessen Mitte ein großer Steinhaufen lag. Aus den Steinen wuchs ein Dornenstrauch, den wollte der Bauer verbrennen. Als er nun Feuer an den Strauch legte, kam unter den Steinen eine Schlange hervor, die sagte: „Nimm dich in acht, daß du mir meine Behausung nicht verbrennst."

Der Bauer hörte aber nicht darauf und brannte den Dornenstrauch an.

Da ringelte die Schlange sich um ihn und rief: „Dafür sollst du mir büßen!"

„Das Feld gehört mir, also kann ich darauf tun und lassen, was mir gefällt" sagte der Bauer. „Laß also von mir ab und sieh zu, daß du anderswo eine Behausung findest."

„Wie kannst du bestimmen, was dein und was mein ist", rief darauf die Schlange, und sie ringelte sich nur noch fester um den Hals des Bauern.

Der hörte aber nicht auf, Vorhaltungen zu machen, und so beschloß die Schlange endlich, den Streit vor drei Richter zu tragen.

Der Bauer machte sich auf den Weg, der in die Stadt führte, und als er ein Weilchen gegangen war, begegnete ihnen eine alte Mähre, zu der sagte die Schlange: „Hast du schon einmal Recht gesprochen?"

„Nein", antwortete die alte Mähre, „aber ich könnte es ja einmal damit versuchen."

Da erzählte die Schlange, was ihr geschehen war.

Die alte Mähre überlegte eine Weile und sagte dann zu dem Bauern: „Als ich noch jung war, hegte und pflegte mich mein Herr, und ich hatte gute Tage. Doch jetzt, wo ich alt und schwach bin, hat man mich fortgejagt. Das war ein Unrecht, und darum sollst du für die Tat meines Herrn büßen."

„Das war der erste Richterspruch", sagte die Schlange.

„Zwei andere stehen noch aus", versetzte der Bauer, und er ging weiter.

Nicht lange danach begegneten sie einem Maulesel, und der sagte nichts anderes als die alte Mähre. Endlich trafen sie einen Fuchs, den fragte die Schlange, wie die beiden anderen zuvor: „Hast du schon einmal Recht gesprochen?"

„Nein", antwortete der Fuchs, „aber wenn es einer von mir verlangt, will ich es gern tun."

„So höre", sagte die Schlange, „dieser Mensch hat mit dem Feuer, das er an einen Dornenstrauch legte, meine Behausung zerstört. Dafür will ich ihn töten."

„Wem gehört das Feld, auf dem der Dornenstrauch stand?" fragte der Fuchs.

„Es gehört mir", antwortete der Bauer.

„Da ist es schwierig, Recht zu sprechen. Ja, eigentlich kann ich es nur, wenn einer von euch sich zu meiner Linken und der andere sich zu meiner Rechten befindet."

Da ließ die Schlange den Bauern los, um den Schiedsspruch zu hören.

Der Fuchs aber machte einen Satz und rief dem Bauern zu: „Was stehst du da, du Dummkopf! Nimm einen Knüppel und gib der Schlange damit ein paar auf den Schädel!"

Da nahm der Bauer einen Knüppel und schlug damit die Schlange tot. Dann fragte er den Fuchs: „Wie kann ich dir deinen guten Dienst vergelten?"

„Ich will nichts weiter als ein paar Küken, wenn du welche hast", antwortete der Fuchs.

„Gut", meinte der Bauer, „ich werde dir welche bringen."

Dann ging er nach Hause und sagte zu seiner Frau: „Der Fuchs hat mir das Leben gerettet, und dafür werde ich ihm die Küken bringen, die unsere weiße Henne ausgebrütet hat."

„Na", sagte die Frau, „was bist du doch für ein Narr. Warum willst du nicht die Jagdhunde in den Sack stecken und sie, statt der Küken, zum Fuchs bringen."

Dieser Rat gefiel dem Bauern. Hatte denn der Fuchs ihm nicht schon genug Küken aus dem Stall geholt, und sollte er sie ihm jetzt gar freiwillig bringen?

Er ging also hin, rief seine Jagdhunde, steckte sie in den Sack und machte sich danach auf den Weg zu dem Fuchs. Als der den Bauern kommen sah, lief ihm das Wasser im Mund zusammen. Doch statt der Küken kamen aus dem Sack die Jagdhunde heraus, die stürzten sich auf den Fuchs und rüttelten ihm so lange das Fell, bis er ihnen in seine Höhle entkam.

Da sprach er: „Mein Großvater war kein Richter und mein Vater war keiner. Wie konnte ich mich erdreisten, mir ein so hohes Amt anzumaßen! Man sieht ja, wie weit man kommen kann!"

Der Wolf, die Füchsin und der Esel

Es waren einmal ein Wolf und eine Füchsin, die beschlossen eines Tages, auf Reisen zu gehen. Als sie schon ein gutes Wegstück hinter sich gebracht hatten, sahen sie einen Esel, der auf einer Wiese graste.

„Was meinst du", sagte die Füchsin zu dem Wolf, „sollten wir den Esel nicht einladen, uns zu begleiten?"

„Das ist ein guter Gedanke", antwortete der Wolf.

Dann rief er: „He, Esel, willst du mit uns gehn?"

„Warum nicht?" antwortete der Esel, „dieses Gras hier ist ohnehin nicht vom Besten."

Und so zogen sie zu dritt weiter, bis sie ans Meer kamen. Dort lag ein Schiff am Strand, in das stiegen die drei und fuhren ab.

Um keine Langeweile aufkommen zu lassen, erzählten sie reihum jeder eine Geschichte. Als nun aber die Reihe an der Füchsin war, sagte diese: „Hört, könnten wir nicht leicht den Tod finden? Es brauchte doch nur ein Sturm aufzukommen und dem Schiff so lange zusetzen, bis es auseinanderbricht. Wäre es daher nicht angebracht, wenn wir einander unsere Sünden beichten würden?"

„Zumindest kann es nichts schaden", meinte der Wolf.

Und der Esel meinte, daß es ganz gewiß nichts schaden könnte, wenn sie einander ihre Sünden beichten würden.

„Also gut, wer wird beginnen?" fragte die Füchsin.

„Ich, wenn ihr es erlaubt", sagte der Wolf. Und dann beichtete er: „Wenn ich in eine Schafherde eingefallen bin, habe ich nicht nur ein oder zwei Schafe gerissen, um meinen Hunger zu stillen, sondern gleich zehn oder zwölf."

„Warum hast du das denn getan?" fragte der Esel.

„Weil ich meinen Spaß daran hatte", antwortete der Wolf.

„Nun, etwas Spaß wird ja wohl erlaubt sein", sagte der Fuchs.

Dann stellte er sich vor dem Wolf und dem Esel auf und beichtete: „Wenn ich in einen Hühnerstall kam, nahm ich nicht bloß ein oder zwei Hühner, sondern biß auch gleich die anderen tot."

„Warum hast du das denn getan?" fragte der Esel.

„Weil ich meinen Spaß daran hatte", antwortete die Füchsin.

„So ist es also an euch, meine Beichte zu hören", sagte der Esel.

„Wir sind bereit", sagte der Wolf.

„Ja, ja, mach schon, damit wir es hinter uns bringen", ließ sich die Füchsin vernehmen.

„Mein Herr war ein Gärtner", fuhr der Esel fort. „Er lud mir jeden Tag einen Korb mit allerlei Gemüse auf den Rücken und trieb mich damit in die Stadt, um das Gemüse dort zu verkaufen. Eines Tages fiel eine Gurke aus dem Korb, und die fraß ich auf."

„Oh“, sagte die Füchsin zu dem Wolf, „das ist eine große Sünde, denn wenn der Esel Gurken frißt, so kann es ihm doch auch leicht in den Sinn kommen, dich und mich zu fressen. Ist es darum nicht besser, daß wir ihn verschlingen, bevor ihm so etwas Ungeheuerliches einfällt?“

„Ich hänge nicht am Leben“, sagte der Esel, der die Rede der Füchsin mitangehört hatte. „Wenn ihr mich fressen wollt, so liegt mir nicht im geringsten etwas daran. Aber mein Herr hat mir etwas auf die Hinterhufe geschrieben, das ihr unbedingt vorher noch lesen solltet! Oder könnt ihr etwa nicht lesen?“

„Ob wir nicht lesen können? Gewiß können wir lesen, davon wirst du dich gleich überzeugen können“, sagte der Wolf.

Dann ging er um den Esel herum, um zu sehen, was auf den Hinterhufen geschrieben stand. Und der Esel war nicht faul. Er gab dem Wolf mit den Hufen einen ordentlichen Schlag, so daß er über Bord flog und ertrank.

Und die Füchsin? Nun, sie bekam einen solchen Schreck, daß sie auch über Bord flog und auch ertrank.

Der Wolf und die Füchsin

Es waren einmal ein Wolf und eine Füchsin, die hatten sich zusammen ein Stück Feld gekauft und machten sich nun auf, es umzugraben. Der Wolf nahm einen Topf voll Honig, und die Füchsin einen Korb voller Weißbrote mit. Beides versteckten sie am Rand des Feldes unter einem Busch. Dann begannen sie zu graben. Als sie damit schon ein gutes Stück vorangekommen waren, verspürte die Füchsin großen Hunger. Sie schämte sich aber, es dem Wolf zu sagen und überlegte hin und her, wie sie es wohl anstellen könnte, sich vom Feld zu entfernen. Endlich fiel ihr etwas ein. Sie hielt ihre Nase gegen den Wind und rief: „Ja, ja, ich komme schon!"

„Wer hat dich denn gerufen?" fragte der Wolf.

„Mein Vetter", antwortete die Füchsin. „Ich soll sein Kind zur Taufe tragen. Und da ich an meinem Vetter nichts auszusetzen weiß, will ich hingehen und tun, was er verlangt. Grabe nur ruhig weiter. Ich werde dir bald wieder Gesellschaft leisten."

„So geh nur", sagte der Wolf, „aber sieh zu, daß du dich auch wirklich nicht zu lange aufhältst."

Die Füchsin ging fort, schlich aber auf einem Umweg unter den Busch, unter dem der Honigtopf und der Korb mit den Weißbroten versteckt waren und fraß, bis nichts mehr in sie hineinging.

Darauf ging sie zum Wolf zurück, und der fragte: „Na, was hast du dem Kind für einen Namen gegeben?"

„Anfanginchen", antwortete die Füchsin.

Dann machte sie sich wieder an die Arbeit. Aber nach einer Weile verspürte sie erneut großen Hunger. Und dieses Mal besann sie sich nicht erst lange, sondern rief gleich: „Ja, ja, ich komme schon!"

„Wer ruft dich denn schon wieder?" fragte der Wolf.

„Ach", antwortete die Füchsin, „es ist die Frau meines Vetters. Ich soll ihr zweites Kind zur Taufe tragen. Und da ich an der Frau meines Vetters nichts auszusetzen weiß, will ich hingehen und tun, was sie verlangt. Grabe nur ruhig weiter. Ich werde dir bald wieder Gesellschaft leisten."

„So geh nur", sagte der Wolf, „aber sieh zu, daß du dich auch wirklich nicht zu lange aufhältst."

Da ging der Fuchs fort und schlich sich auf einem Umweg wieder unter den Busch, zu dem Honig und den Weißbroten. Und als er davon gefressen hatte, bis nichts mehr in ihn hineinging, lief er wieder auf den Acker.

„Na", fragte der Wolf, „was für einen Namen hast du dem Kind gegeben?"

„Mittinchen", antwortete die Füchsin.

Als sie wiederum eine Weile gearbeitet hatten, tat die Füchsin erneut, als ob sie jemand riefe und antwortete: „Ja, ja, ich komme schon!"

„Wer ruft dich denn schon wieder?" fragte der Wolf.

„Ach“, sagte die Füchsin, „ich soll das Kind meines Nachbarn zur Taufe tragen, und da ich mit ihm in Ruhe und Frieden lebe, will ich hingehen und tun, was er verlangt. Grabe nur ruhig weiter. Ich werde dir bald wieder Gesellschaft leisten.“

„Es ist doch merkwürdig“, sagte der Wolf, „man ruft dich ja in einem fort.“

„Das soll dich nicht weiter wundern“, sagte die Füchsin, „man weiß eben, was man an mir hat.“

„So geh“, sagte der Wolf, „aber sieh zu, daß du dich auch wirklich nicht zu lange aufhältst.“

Da tat die Füchsin wieder als ob sie fortginge und schlich sich, als sie den Blicken des Wolfes entschwunden war, erneut unter den Busch, zu dem Honig und den Weißbroten. Dieses Mal fraß sie aber alles, was noch übriggeblieben war, auf.

„Na“, fragte der Wolf, als die Füchsin sich wieder zu ihm gesellte, „was für einen Namen hast du dem Kind gegeben?“

„Fininchen“, antwortete die Füchsin.

Danach gruben sie weiter, bis der Wolf fragte: „Was meinst du, essen wir jetzt oder später?“

„Essen wir jetzt!“ antwortete die Füchsin. „Geh nur hin und hole den Honig und die Weißbrote herbei, da können wir es uns schmecken lassen.“

„Du hast recht, es ist ja auch längst Mittag vorüber“, sagte der Wolf.

Dann lief er zu dem Busch, unter dem der Honigtopf und der Weißbrotkorb versteckt waren, und fand beides leer. Da wurde er sehr zornig, lief zur Füchsin und schrie: „Du hast den Honig und die Weißbrote aufgefressen, und dafür soll es dir jetzt an den Kragen gehen. Du sollst mir eine gute Mahlzeit geben.“

„Ei“, rief die Füchsin, „wie sollte ich alles aufgefressen haben, wo ich doch genug damit zu tun hatte, die Kinder meines Vetters und meines Nachbarn zur Taufe zu tragen! Geh nur noch einmal hin und sieh ordentlich nach!“

„Also gut, so will ich noch einmal nachsehen gehen“, sagte der Wolf, „aber wehe dir, wenn ich nichts finde!“

Während nun der Wolf nach dem Honig und den Weißbroten suchte, machte die Füchsin, daß sie wegkam und versteckte sich in einem Loch. Der Wolf sah gerade noch, wie sie hineinschlüpfte.

„Ah, so ist das!“ rief er. „Du versuchst, mich zu überlisten!“

Dann nahm er einen Stock und stocherte damit in dem Loch herum. Und wenn sich der Stock in einer Wurzel festhakte, rief die Füchsin: „Au, au, mein Bein!“ Wenn er aber ihren Fuß erfaßt hatte, dann höhnte sie: „Zieh nur an der Wurzel! Zieh!“

Das hatte erst ein Ende, als dem Wolf vor Hunger der Magen knurrte. Da besann er sich und sagte zu der Füchsin: „Ich kriege dich ja doch nicht zu fressen. Also muß ich mir etwas anderes suchen!“

Und das tat er auch.